人が集まる
ボランティア組織を
どうつくるのか
―――「双方向の学び」を活かしたマネジメント―――

長沼 豊

著

ミネルヴァ書房

まえがき

　ボランティア組織には色々あります。

　いわゆるボランティア団体・NPO団体だけでなく，ボランタリーな集まりである町内会・自治会，PTA，学会，スポーツ団体などもボランティア組織といえます。

　それらを眺めてみると沢山の人が集まって楽しそうに活動している団体，会員が少数で沈滞している団体，逆に少数精鋭でどんどん進んでいく団体，同じメンバーでずっと活動していてどんどん高齢化している団体，人が次々に入れ替わって活性化している団体……などなど色々なスタイルがあることに気づきます。その団体の趣旨や活動内容・方法等によって状況や課題は多様ですが，はっきりしているのは人が集まる組織とそうでない組織があるということです。

　もちろん人が集まらない組織が悪いということではありません。あえて大人数を必要とせず，少ない人数で運営していくことが趣旨になっている組織もあるからです。ここで問題にしたいのは，構成員が，特に運営主体の人が沢山の人に集まって欲しいと思っているのに集まらない組織です。

　集まって欲しいのに集まらないのはなぜでしょうか？　逆に，集まっている組織には何があるのでしょうか？　何が違うのでしょうか？　本書では，この点に着目して話を進めていきます。

　その前に本書でいう「ボランティア組織」とは何か説明しておきましょう。

　本書では，ボランティア組織とは構成員になることとやめることが自由であり，構成員が報酬を受け取らずに運営に参加・参画している公益団体のことを指すことにします。ですから，冒頭に挙げたボランタリーな集まりである町内会・自治会，PTA，学会，スポーツ団体なども含むことになります。NPO団体（法人格のある組織も含む）のなかには，いわゆる有給スタッフを有している組織もありますが，無償のスタッフが相当数いて実質的な運営を担っている場合もこの定義に該当することとして話を進めます。そのため，企業体のような

大規模な NPO を除いて，ほとんどの NPO が本書の対象として該当すると考えています。

　このような話題は，組織の運営に関わることという点でマネジメントのノウハウと捉えることもできます。そのマネジメントでよく言われるのが「人，もの，かね」ですが，この中で難しいのが「人」です。特にボランティア組織の場合には企業等と違って特有のノウハウが必要です。仕事と異なり報酬がないこと，それに伴って人間関係もフラットなことなどがその理由です。

　私はマネジメントの専門家ではありません。ずっと学校教育に携わってきましたので，企業での経験もありません。しかし高校2年から始めたボランティア活動は大学卒業までの6年間続け，そのうち約3年間は高校生と大学生が集うボランティア組織のリーダーを務めました。大学の教員になってからは学会の事務局長を6年，最近では子どもの通う公立小学校のPTA会長を2年など永年にわたってボランティア組織の運営に携わってきました。高校3年生の時には生徒会長（正式名は総務委員長）もやっていました。また，現在研究している分野の一つが学校教育における特別活動ですが，これは学級活動，生徒会活動，学校行事など課外の集団活動です。そこでは集団のなかで個をどう生かすか，児童生徒のリーダーシップをどう育むのか，民主的な合意形成はどうすればよいのかなどが研究領域となる，いわば集団や組織のマネジメントです。また13年間の中学校教員時代には，それらを実践する立場でした（とはいっても，これらの組織では上手くいったことばかりではなく，むしろ上手くいかなかったり失敗したりしたことも多々ありました。逆にそうした経験をしたがゆえに，いかにしてボランティア組織を活性化するかという課題意識を強く持つようになったとも言えます）。

　このように，常に「人」と対峙する学校やさまざまなボランティア組織の世界に身をおいて研鑽を積んできた者として，人が集う組織には一定の法則があることに気づきました。特に若い人たちが活躍している集団や組織には共通点があるのです。それは人が成長したり変容したりするための装置，つまり教育機能が組織内に内在されているのです。そこで，企業のマネジメントとは違うのかもしれませんが，教育の視点でボランティア組織のマネジメントについて

語ることができるのではないかと考えました（そもそも学校という組織自体が企業体ではなく営利を目的としない NPO です）。

そこで本書は，ボランティア組織における人的マネジメントのうち「人を育てること」（教育的機能）に特化して，どうすればボランティアが生き生きと活躍できる組織になるのかについて，わかりやすく解説します。人が集まるボランティア組織のあり方を社会に提供することで，日本のボランティア活動等の活性化を目指します。若い世代を取り込めていない組織を活性化し，異世代交流を進めるためにはどうしたらよいかについても述べ，超高齢社会＝日本におけるこれからの人間関係作りのあり方をも提案します。

想定している読者の対象は次のような方々です。

- ボランティア関連団体・NPO 組織の関係者
- 社会教育団体（スポーツ含む），生涯学習の関係者
- ボランティアコーディネーションに携わる人
- ボランティア活動に興味・関心のある人
- マネジメントに関心のある人
- 広い意味での教育や学び，人材育成に興味のある人
- 異世代交流に興味のある人
- 町内会・自治会など地縁組織に関わっている人

私はこれまで，ボランティア学習やボランティア活動，ボランティアコーディネーションに関する色々な著作を出してきました。ボランティアの世界の人から見ると，私は「教育の人間」として切り取られますが，これは教育を分野として見ていることになります。しかし教育は単にボランティアの世界の一分野ではなく，それ自体がすべてのボランティア組織に内在したものです。なぜかというと人が人として組織に関わり，他者と関係性を創りながら社会的行為を行うとき，相互作用を通して何がしかの変容が起こるからです。いわば双方向に学びあっているわけです（ここでいう学びとは学校の勉強のような組織的な

ものだけでなく，広い意味で人が成長・発達・変容していくことを指します)。これは教育の機能的側面，つまり「機能としての教育」ということができます。

　本書では，この「ボランティアの世界における"機能としての教育"」をテーマに，人が集まるボランティア組織のあり方に迫っていきます。キーコンセプトは「双方向の学び」です。本書を通して私のライフワーク「教育とボランティアの接点を求めて」の新機軸を作っていくものになればと考えています。

　　2013年11月20日

　　　　　　　　　　　　　　　　　　　　　　50歳の誕生日に著者記す

目　　次

まえがき

序　章　人が集まる組織・集まらない組織……………………………1
　　　　──実は町内会・PTA・学会・スポーツチーム・社会教育団体・
　　　　　民生委員もボランティア組織
　　1　人はさまざまな組織に参加する……………………………………1
　　2　人が集まる組織………………………………………………………2
　　3　人が集まらない組織…………………………………………………4
　　4　教育の視点で見ていく………………………………………………6
　　5　本書の構成……………………………………………………………7

第Ⅰ章　ボランティア組織の特質………………………………………9
　　1　ボランティア組織とは………………………………………………9
　　　　（1）　ボランティアとは何か　9
　　　　（2）　ボランティア活動の「4つの特性」　12
　　　　（3）　ボランティア組織とその分類　16
　　2　ボランティアゆえの楽しさ………………………………………20
　　　　（1）　自発性ゆえの楽しさ　21
　　　　（2）　無償性ゆえの楽しさ　22
　　　　（3）　公益性ゆえの楽しさ　23
　　　　（4）　先駆性ゆえの楽しさ　25
　　　　（5）　組織ゆえの楽しさ　26
　　　　（6）　ボランティア組織Ⅰ～Ⅳ種別の楽しさの違い　28
　　3　ボランティアゆえの苦しさ………………………………………30
　　　　（1）　自発性ゆえの苦しさ　30
　　　　（2）　無償性ゆえの苦しさ　32

　　　　（3）公益性ゆえの苦しさ　33
　　　　（4）先駆性ゆえの苦しさ　34
　　　　（5）組織ゆえの苦しさ　36
　　　　（6）ボランティア組織Ⅰ～Ⅳ種別の苦しさの違い　38

第2章　学んで育つボランティア組織のメンバー　41
1　ボランティア組織における学びとは？　41
　　　　（1）学びとは何か　41
　　　　（2）価値に気づく　42
　　　　（3）自己を生かす　44
　　　　（4）他者と連帯する——他者から学ぶ　46
　　　　（5）社会と自分を結ぶ　48
　　　　（6）ボランティア学習という考え方　49
2　民主的な合意形成を大切にする　54
　　　　（1）メンバー同士の「ゆるやかな結びつき」　54
　　　　（2）話し合いが唯一の方法　56
　　　　（3）民主的な合意形成とは　57
　　　　（4）民主的な合意形成の方法　59
　　　　（5）ファシリテーションという考え方　63
3　双方向の学びを創る——成長していく「人」と「組織」　65
　　　　（1）双方向の学びとは　66
　　　　（2）集団と個の関係　67
　　　　（3）成長する組織　70
　　　　（4）コーディネーションという考え方　71
　　　　（5）アンドラゴジーという考え方　73
　　　　（6）「育てる」視点の重要性　74

第3章　育てることは任せること　77
1　楽しい活動のためのリーダーのテクニックとは？　77
　　　　（1）ボランティア組織のリーダーとは　78
　　　　（2）リーダーシップとは——PM理論から　78

　　　　（3）　やる気を出させる──動機づけの理論から　82
　　　　（4）　楽しさ・面白さを創る──レクリエーション理論から　84
　　　　（5）　悩みを受け止める──カウンセリング理論から　86
　2　成功と失敗から学ぶ……………………………………………………87
　　　　（1）　ボランティア組織は成功と失敗の連続　88
　　　　（2）　失敗から学ぶ　89
　　　　（3）　成功から学ぶ　91
　　　　（4）　学びのR段階（Reflection〔振り返り〕）を創る　92
　　　　（5）　学びのC段階（Celeblation〔認め合い〕）を創る　94
　　　　（6）　学びのD段階（Diffusion〔発信・提言〕）を創る　95
　　　　（7）　試行錯誤を次に生かす　97
　3　異世代交流の面白さと大変さ…………………………………………98
　　　　（1）　異世代がキーワードになる理由　98
　　　　（2）　ボランティア組織における異世代交流　99
　　　　（3）　異世代交流の面白さ　101
　　　　（4）　異世代交流の大変さ　103
　　　　（5）　OB・OGの関与は要注意　104
　　　　（6）　異世代交流を生かす　106
　4　次につながるバトンタッチ──持続可能な組織を創る ……………108
　　　　（1）　バトンタッチが少ないことのメリット　108
　　　　（2）　バトンタッチが少ないことのデメリット　110
　　　　（3）　それでもバトンタッチは避けられない　112
　　　　（4）　持続しない勇気も必要　115
　　　　（5）　任せて育てる　116

第4章　インタビュー　魅力的なリーダーから学ぶ……………119
　1　若者の力を引き出すテクニック………………………………………119
　　　　──赤澤清孝さん（ユースビジョン代表）
　　　　（1）　学食の改善が原点　120
　　　　（2）　阪神・淡路大震災で大きく変わる　123
　　　　（3）　ユースビジョンの誕生　128
　　　　（4）　社会との接点を探る若者たちに寄り添う　131

（5）　今後のビジョン　135

　2　支援者を巻き込むテクニック………………………………………140
　　　──相川良子さん（ピアサポートネットしぶや理事長）
　　　（1）　始まりは学校の統廃合から　141
　　　（2）　中高生の居場所を創る　146
　　　（3）　渋谷区全体に広がっていく　148
　　　（4）　NPOを立ち上げる　152
　　　（5）　次から次へと展開していく　156

　3　組織をファシリテートするテクニック……………………………160
　　　──川中大輔さん（シチズンシップ共育企画代表）
　　　（1）　ボランティアスタッフの興味・関心をしっかりキャッチ　161
　　　（2）　組織の魅力を理解してもらう　163
　　　（3）　課題克服への道程　165
　　　（4）　2つの成長を見守る　167
　　　（5）　組織を立ち上げる　169
　　　（6）　ファシリテーションの原点は教育への関心　173

第5章　仕掛け人の極意………………………………………………177
　1　仕掛け人とは何か……………………………………………………177
　　　（1）　仕掛け人の考え方とその理由　177
　　　（2）　仕掛け人のポリシー　180

　2　組織を活性化させる仕掛け人………………………………………182
　　　（1）　NPOの会員サービス委員会の委員長になる　182
　　　（2）　組織を3分割して活躍の場を創る　183
　　　（3）　会員ニーズ把握＆新戦略チームの展開　184
　　　（4）　会員メーリングリストの活性化　185
　　　（5）　そして去る　186

　3　さまざまな人の思いを紡ぐ仕掛け人………………………………187
　　　（1）　小学校のPTA会長になる　187
　　　（2）　わかりやすく親しみやすい組織にする　187
　　　（3）　楽しさを共有して新たな仲間を巻き込む　191

（4）　事業をスリム化して負担を減らす　193
　　　（5）　他校との連携を内務に生かしていく　194

第6章　リーダーのお悩み解決Q&A……………………………………197
　　Q1　若い人が入ってこないのですが？　197
　　Q2　任せることに難しさを感じていますが？　199
　　Q3　意見が異なった時はどうしますか？　200
　　Q4　次のリーダーの発掘の方法は？　202
　　Q5　組織をやめたいという人が出た時は？　203
　　Q6　活動内容がワンパターンになっているのですが？　205
　　Q7　いつも同じ人しか参加しないのですが？　206
　　Q8　新しい人を巻き込むには？　208

あとがき
索　引

| 序　章 | 人が集まる組織・集まらない組織
　　――実は町内会・PTA・学会・スポーツチーム・社会教育団体・民生委員もボランティア組織 |

　まず初めに，本書ではどのようなことを話題にするのか，その概略を述べることにしましょう。

1　人はさまざまな組織に参加する

　人は生まれてから死ぬまでに，さまざまな組織・団体に所属します。入らなければならない組織もあれば，そうでない組織もあります。

　学校というのは，誰もが所属する組織です。義務教育の制度がありますから，日本の場合は9年間通うことが求められます。厳密には子どもに義務があるのではなく，保護者に行かせる義務があるのですが……。

　他にはどうでしょうか？　実は入らなければならない組織よりも，そうでない組織の方が圧倒的に多いことがわかります。仲良しグループ，スポーツチーム，趣味のサークル，SNS上でのグループ，宗教団体もそうです。試しに2014年8月現在，私が所属しているボランティア組織を挙げてみます。

- 日本ボランティア学習協会
- 日本特別活動学会
- 日本福祉教育・ボランティア学習学会
- NPO法人日本ボランティアコーディネーター協会

以上は役員として運営に携わっている組織です。以下は一般会員として所属している組織です。

- 日本教育学会

- 日本教師教育学会
- 環境教育情報センター ECOM
- 樹恩 JUON ネットワーク
- 東京ボランティア・市民活動センター（サポーター）
- 大阪ボランティア協会（月刊誌の購読会員）
- 公立小学校 PTA 会員
- かまくらの学校（第1期かまくら会議スタッフ）
- Facebook グループ「花子とアン私設応援団」

などで，他にもありますが省略します。

　このように私たちの身の回りには，数多くの参加任意の組織・団体があります。そしてその中から選んで参加したりやめたりしています。そういう組織に目を向けてみると，大勢が参加しているものもあれば，そうでないものもあります。

　本書では，ボランティア組織とは構成員になることとやめることが自由であり，構成員が報酬を受け取らずに運営に参加・参画している公益団体のことを指すことにします。ですから，ボランタリーな集まりである町内会・自治会，PTA，学会，スポーツ団体なども含むことになります。福祉分野や環境分野に見られるような，いわゆるボランティア活動団体（ボランティア活動をしていると名乗っている組織）だけでなく，広義に捉えているわけです。

　ボランティア組織は，加入の自由がありますから，その内容や運営の仕方によって，人が集まる組織とそうでない組織が出てきます。本書はここに目をつけます。そして，その違いはどこにあるのか？　魅力的な組織とは何か？　どうすればより良い組織になるのか？　ということを考えていきます。

2　人が集まる組織

　人が沢山集まっている組織というのは，どのような特徴があるのでしょう

か？　少し考えただけで沢山思いつくことができます。例えば，

- 所属するのに金銭的な負担がない，または少ない
- 所属していると得るものが多い
- 参加していて楽しい
- 魅力的なリーダーがいる
- 魅力的な構成員がいる
- 新しい技術が得られる
- 資格が取得できる
- 構成員同士の連帯感が得られる
- 人の役に立つことができる

などが挙げられます。

　これらを挙げていて気づくのは，満足度に関わる部分が大きいということです。そこで，今後は単に人数の多さだけに着目するのではなく，構成員の多くが満足している組織，いわば満足度が高い組織のことを考えていくことにしましょう。組織や集団に所属していて満足するというのは，どのような時でしょうか？　例えば，

- 自分にとってやり甲斐がある
- 自分のやりたいことができる
- 自分が成長したと実感できる
- 自分の意見を聞いてくれる仲間（先輩・後輩）がいる
- 自分が組織の決定に参画している
- 達成感を感じることができる
- 構成員同士の連帯感が得られる
- 組織を運営していく面白さを感じることができる
- 組織が発展しているのを実感することができる

などが挙げられます。

これらを挙げていて気づくのは，人が組織に所属して満足するという要素にはいくつかの種類があることです。例示的に挙げれば，自分が組織に関与する度合いが高く，そこでなし得たことが満足感につながっている場合，組織内の人間関係が円滑で楽しく喜びが得られる場合，組織運営に関わり，そこでの達成感等から満足がいく成果が得られる場合などです。

　満足度が高いと感じる人が多いほど，人が集まる組織になると考えられることから，人が集まる組織の要因と，その組織内の構成員の満足度には関係がありそうです。このことについて本書では，私の専門である教育の視点から考察していきます。

3　人が集まらない組織

　逆に，人が集まらない組織とは，どのような組織でしょうか？　まずは先と同じように例示してみましょう。

- 何をやっているのかわからない
- 参加するメリットがわからない
- 参加するのに負担が大きい（金銭的，物理的，精神的等）
- 参加していて楽しくない
- 組織の活動に魅力がない
- 参加している構成員と自分が合わない
- 構成員同士の連帯感が得られない

　これらを挙げていて気づくのは，単に先に挙げた「人の集まる組織」の逆でもなさそうだということです。人の集まらない状態というのは，まだ参加していない状態で見た時に，当該組織のことがよくわからないから入りたくないというものと，参加したが何らかの理由でやめたというものと，大きく2つに分けて考えてみることが必要のようです。

　新たにボランティア組織に参加するという場合，さまざまな理由や動機や

序章　人が集まる組織・集まらない組織

きっかけがあると思います。先に参加している仲間から誘われるという場合もあるでしょうし、知人はいないけれども情報を得て良さそうだ、自分にもできそうだと思って参加するという場合もあるでしょう。なぜそれなのかという参加動機を突き詰めていくと、運動不足だからスポーツをやってみたいとか、時間ができたから社会貢献をしたいとか、こちらもさまざまです。いずれにしても、何らかの判断がなされて、初めての活動に参加していくわけです。活動に参加する動機やきっかけを考えるのは、ボランティア組織のあり方をお話しする時にとても重要な視点です。そこで本書では、動機づけの理論にも触れて、組織の活性化について提案していきます。

　次に、参加したが何らかの理由でやめた場合は満足度が低いことが考えられますから、先と同様に、単に人数が少ないということだけを問題にするのではなく、仮に人数が多い場合でも構成員の満足度が低い組織というものを考えていくことにしましょう。では組織内で不満を抱くのは、どういう時でしょうか？　例えば、

- 自分のやりたいことができない
- 組織の決定に参画できない
- 組織のリーダー（のやり方）に不満がある
- 組織の他の構成員に対して不満がある
- 組織内の雰囲気が悪い

などが挙げられます。集団の満足度には先にも述べたとおり、構成員がやり甲斐を感じているかどうかや、組織内の人間関係

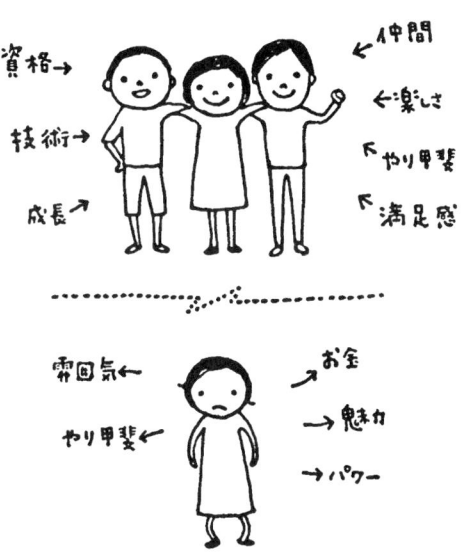

人が集まる理由は何か？

がうまくいっているか等と密接に関係しているようです。

これを組織の運営側から見ると，リーダーシップが発揮されているかどうかも留意しなければならない要素と言えます。本書では，この点にも着目して，リーダーシップの理論をも紹介しながら説明していきます。

4　教育の視点で見ていく

人が集まる組織と，人が集まらない組織は何が違うのでしょうか？　このことについて，さまざまな角度から考えていくのが本書です。

ただし本書では，人を集める方策としての広報の仕方とか，組織運営のあり方としてのマネジメントの視点で眺めるのではなく，「教育」という視点で見たらどうなるかということを考えていきます。というのも，私は企業での経験は全くありません。これまで一貫して学校教育の世界で仕事をしてきました。

組織のあり方やその運営に関する文献の多くは企業の立場からのマネジメントをベースにしたものが多いのですが，読んでみると明らかにボランティア組織とは違うと感じることがあります。そこで本書の執筆を，つまり教育的視点からの組織マネジメントの本を上程しようと考えました。

前述したように，幸い私は学校だけでなく，これまでにさまざまなボランティア組織（ボランティア・NPO活動）に身を置いて多様な経験を積んできましたので，企業とは違う組織のあり方を嫌というほど見つめてきました（嫌ではありませんが……）。また，そもそも学校という組織自体が企業体ではなく非営利組織（NPO）なのですから，非営利の組織では何が重要で，何に着目しなければならないかを考え続けてきました。そのような経験も踏まえて，人が集まる組織のあり方を説明していきます。

いわば本書は，ボランティア組織における人的マネジメントのうち「人を育てること」（教育的機能）に特化して，どうすれば参加者が生き生きと活躍できる組織になるのかについて述べていくものです。

ここで教育的機能と書きましたが，本書で強調したいのは分野としての教育

ではなく，機能としての教育です。それは，一言で言うと「双方向の学びを創る」ということです。「学び」と言うと学校での勉強を想像する人が多いと思いますが，本書では，学びとは人が新たに知識・技能等を獲得して変容（成長・発達）していく営みと捉えます。やや広義の捉え方です。

　人はボランティア組織に参加することで多様な経験をします。新たな状況に出会い，考え，実行します。どうすれば貢献できるのか？　どのような支援が必要か？　組織内で連帯するためには何をすればよいか？　など。さまざまな営みを通じて変容していきます。まさに学びの連続と言ってよいでしょう（ボランティア組織における学びは「ボランティア学習」の一種です。学校教育で行うそれとは異なりますが）。

　しかしボランティア組織での学びは，一人ではできません。活動で出会う他者からの学びもあれば，活動で取り組んだ社会的事象（環境とか福祉とか）に対する学びもあります。楽しく活動するための組織内の工夫や知恵なども学びの一種です。これらの学びはいずれも他者や社会との相互作用によって起こります。とすれば，そこで出会った他者もそれぞれに学んでいるはずです。つまり双方向の学びと言えます。

　では，その双方向の学びを効果的に進めるためにはどうすればよいか？　それこそ人が集まるボランティア組織の大切な要素ではないかと考え本書を書きました。「「双方向の学び」を活かしたマネジメント」という本書の副題に込めた思いは，このようなことです。

5　本書の構成

　本書は，次のような構成になっています。章ごとになるべく独立・完結した話になるよう工夫しましたので，第1章から順序よく読まなくても理解していただけるようになっています。ですから，興味・関心のある章から読み進めていただいて大丈夫です。

　「第1章　ボランティア組織の特質」では，ボランティアとは何か，ボラン

ティア活動の楽しさや苦しさについて基本的な説明をします。ボランティア活動そのものに興味・関心のある方はここからお願いします。ボランティアのことは既知で，組織運営の方に興味があるという方は，次の第2章から先に読んでいただいて構いません。

「第2章 学んで育つボランティア組織のメンバー」では，学びの視点からボランティア組織のあり方を説明します。合意形成の仕方や双方向の学びの進め方について述べます。ファシリテーションについて興味がある方は，この章を先に読んでいただいても構いません。

「第3章 育てることは任せること」では，ボランティア組織のリーダーがどのような視点をもって運営していくべきかについて，学び（教育）の視点から説明します。特にリーダーシップに興味がある方は，この章を先に読んでいただいても構いません。

「第4章 インタビュー 魅力的なリーダーから学ぶ」では，NPOで活躍する3人の魅力的なリーダーに私がインタビューした内容を掲載しました。実際の人物像と実践から学んでいただきたいという趣旨です。

「第5章 仕掛け人の極意」では，私がボランティア組織で取り組んだ実践をお話しします。私は自身をボランティア組織の「仕掛け人」と呼んで実践してきました。その一端を紹介します。

「第6章 リーダーのお悩み解決Q＆A」では，ボランティア組織のリーダーが知りたい質問を取り上げ，お答えしました。具体的なノウハウを知りたいという方にはお勧めです。

第1章　ボランティア組織の特質

まず，本書で取り上げるボランティア組織とは何かについて説明します。そのために，最初にボランティアとは何かについて解説し，次にボランティアの楽しさや苦しさは，どのような点なのかについて述べます。

1　ボランティア組織とは

(1) ボランティアとは何か

本書では，ボランティア組織のあり方を述べていくのですが，そもそもボランティア組織とは何なのかについて説明しなければなりません。

そこで，まずはボランティアとは何かについてお話することから始めましょう。

ボランティアは英語の volunteer です。

最初に使われたのは17世紀，1647年の英国と言われています。当時内乱状態にあった街で，自らの街を守ろうと武器を持って自分の意志で立ち上がった人を，そう呼んだとされています。ここで重要なので自由意志でということです。というのも volunteer の語源であるラテン語の volo（ヴォロ）は自由意志を表す言葉だからです。そこから派生して，最後に人を表す er が付いて「自由意志で何かをする人」をいう意味になりました。もともとは人を表す言葉だったわけです。

今ではどうかと言うと，日本でも「ボランティアする」ということからわかるように，人を表すだけでなく行為を表す言葉としても用いられています。実際，英語でも volunteering という言葉を使います。つまりボランティアとは「自由意志で何かをする人，もしくはその行為」ということになります。

これも「ボランティア」

ここで興味深いのは，英語圏ではこの語源の通りに使っているのに対して，日本では，やや狭い範囲で使っていることです。

例えば，学校の授業中に自ら手を挙げて答えるのも volunteer になります。先生が指名して答えさせた場合は違います。あくまでも「自由意志」であることが重要です。上のイラストは，ある隣人同士（どちらも子をもつ母親）の会話の様子です。夕方の買い物の時間帯，一方の家の子どもが眠そうにしているのを見て，その隣人が声をかけます。「買い物行ってらっしゃい。戻るまでお宅のお子さんをうちで預かっていてあげるわよ。volunteer で」と。これも，先方から依頼されたのではなく自ら志願しましたので，語源の通りの volunteer です。

この２つの場面について，日本では，ボランティアと言わないのではないでしょうか。それは，なぜでしょうか？　答えは，いずれもボランティア活動ではないからです。

授業中に手を挙げる行為も，隣人に声をかけて子どもを預かるのも，活動と言えるような大げさなことではありません。学校に通う子どもや，隣人同士が日常生活の中で，頻繁に行う当たり前の光景と言えます。

逆に言うと，日本ではボランティア活動のことをボランティアと呼んでいますが，日常生活の中で気軽に自由意志で行う行為は，必ずしもボランティアとは呼んでいないのです。強いて言えば，語源通りの使い方をしていない場合があるということになります。

もともとは英語圏で使われ育まれてきた言葉ですから，日本での言葉の使い方が異なるのは当たり前かもしれません。

ここまでの話をまとめると，ボランティアとボランティア活動，どうやら２つのボランティアが存在する，ということになります。では，その違いは何でしょうか？　簡単に言えば，ボランティア「活動」の方が，組織的・計画的・

第1章　ボランティア組織の特質

ボランティア活動の分野例

① 社会福祉
② 自然・環境
③ 国際交流・協力
④ スポーツ
⑤ 教育
⑥ 健康・医療
⑦ 消費生活
⑧ 文化
⑨ 地域振興
⑩ 人権
⑪ 平和
⑫ 情報技術（IT）
⑬ 災害
⑭ ボランティア活動の推進
⑮ その他

集合的なのです。「活動」が付くボランティア活動は，日本でもボランティアと呼びますが，日常生活の中で自由意志で行う行為を必ずしもボランティアとは呼ばないのです。このことは，日本ではボランティアと呼んでいないけれども，実態はボランティアだという行為がある，ということになります。

　それは，活動がつくような組織的・計画的なものでもそうです。

　例えば，休日に子どもたちが野球やサッカーなどのスポーツに取り組むチームがありますが，その監督やコーチをしている人々はボランティア（活動といってもよいの）です。しかしボランティア活動をしていると言う人は少ないと思います。では，あなたは何をしている人ですか？　と尋ねたら何と答えるでしょうか？　おそらく監督，コーチと答えるでしょう。それでいいのですが，見方を変えると次に述べるボランティアの特性にも当てはまりますから，当該の人々は「子どもたちのための社会教育に関わるボランティア活動」「スポーツ分野のボランティア活動」をしている人々等と呼ぶこともできるわけです。

　ボランティアと呼ばないボランティア，本書で対象としているのは，まさにこのような人々のことです。ちなみにボランティア活動の分野を例示しておくと，本頁の上の一覧のようになります。

　ここでもう一つ指摘しておきたいのは，ボランティアという言葉を使う，使わないは本人の自由だということです（これも自由意志です）。一例を挙げましょう。

　私が本学（学習院大学）で担当している科目「ボランティア論」で出会った

学生も，自分の活動をボランティアとは呼ばないボランティアでした。

彼はサッカーが大好きで，ある団体の活動に参加していました。サッカーボールが買えないような貧しい地域にサッカーボールを持っていき，そこで子どもたちとサッカーで遊ぶ活動です。楽しく遊んだ後で，サッカーボールをプレゼントして，次の地域に移動していくというものです。

無償の活動ですし，確実に現地の子どもたちのためになっていますから，一般的にはボランティア活動なのですが，彼は「ボランティア活動」ではないと言い張りました。そして「僕は好きなサッカーで子どもたちと遊ぶ。ただそれだけです。ボランティアという言葉は嫌いです」とも。

彼が所属する団体では，当該の活動もしくは団体そのものをボランティアと言っていたかどうかはわかりませんが，彼にとってその行為はボランティア（活動）ではないということだったのです。

ボランティアと呼ばないボランティア。みなさんの近くにもそのような人がいるでしょうし，実は私もそうだと言う人もいるでしょう。本書では，このようにボランティアと呼ばないボランティアも含めて，自由意志で集う組織や団体のあり方を説明していきます。

その前に，もう少しボランティアの特徴を説明しておきましょう。私が「4つの特性」と呼んでいるものについてです。ボランティア組織とは何かについては，その次に説明することにします。

（2）ボランティア活動の「4つの特性」

次にボランティア活動の4つの特性と呼ぶものについて説明します。

これはボランティア活動を特徴づけるキーワードだとも言えますし，これらの性質が統合された一連の活動がボランティア活動だと言えるという，いわば構成要素とも言えます。本によっては3つであったり，特性ではなく原則と呼んでいたりします。

本書では自発性・無償性・公益性・先駆性を挙げ，これらをまとめて，ボランティア活動の4つの特性と呼ぶことにします。以下，順番に説明していきま

しょう。

1) 自発性

ボランティア活動を特徴づける第1の要素は，それが自発的かどうかということです。このことは先に述べてきた通りで，語源の通りとも言えます。

ボランティア活動は自らの意志で活動を始めることもやめることもできます。逆に，自分の意志でない限り活動を始める義務を負わないということです。主体的に判断し，自分の意志にしたがって動くということになります。「主体性」と言ってもいいかもしれません（厳密には異なる概念ですが）。つまり，ボランティア活動では自分が主人公です。命令されて動くわけではありませんし，逆に自分の意志なら命令されなくても動きます。

ただし，活動に関わるきっかけは，必ずしも自発的，主体的ではないかもしれません。例えば，友人・知人から誘われたとか，何かの組織・団体に参加した結果必然的にその組織の一員になったというケース（例として町内会やPTA）がそれです（ちなみにボランティア活動がさかんな米国では，活動に参加する最初のきっかけとして友人・知人から誘われたという理由が多いです）。

ボランティア活動といっても，そこに参加している人々の，いわば自発的な度合いというのは，さまざまであることがわかります。また，活動を始める最初のきっかけや動機にも多様性があります。ボランティア組織における参加者の自発性には濃淡があるということです。のちほどボランティア組織の形態を整理しますが，その時にはこの自発性の濃淡で分類することを試みます。

2) 無償性

一般的にボランティア活動では，見返りとなる金銭を授受しないというのが通例になっています。というのも対価を受け取った場合，それはボランティア活動ではなく「労働」と呼ぶべきものとなるからです。したがって活動に対する対価がない，つまり無償であるという特性が現れます。営利目的ではないという意味で「非営利性」と言ってもよいでしょう。

この無償性を巡っては多種多様な議論がありますが，詳細は専門書にゆずるとして，代表的なものについて説明しましょう。

よく議論されるのは，活動場所への交通費や活動にかかった経費を支給した場合はどうなるのか？　というものがあります。これらは労働の対価ではありませんので，支給することは無償性に抵触しないというのが一般的な考え方です（ただ，絶対に支給しない，すべて手弁当なのがボランティア活動だという考え方もあります）。

　次に労働の対価ではないが，気持ちの表れとしての寸志（現金）はどうか？ということについてです。この場合，労働の対価のレートより低い場合には良いという考え方と，法律に抵触する低賃金の労働をボランティアと呼ぶことによって労働環境の悪化を招くのでよろしくないという考え方もあります。また「有償ボランティア」「ボラバイト」という言葉もあります。前者は福祉分野の介護・介助系の団体が，後者は地方の農業関係団体が用いることが多い言葉です。

　有償ボランティアは，サービス利用者からの声，特にサービスを提供してくれる人が無償というのは心苦しいという声に応える形で行われています。当然，労働の対価ではありませんので，低価格になります。この場合，寸志と同じ問題が派生しますので，無償が基本のボランティアとは区別して有償サービスと呼んだ方が良いという考え方もあります。

　ボラバイトは，都会から若者に来てもらって農家の実情を知ってほしいという側と，貴重な体験を積みつつバイト的な要素もあると良いという若者の双方のメリットを勘案して出てきた言葉です。

　あくまでもボランティア活動は無償ですが，そうであるがゆえの楽しさや苦しさがあります。それについては次節で触れることにします。

3）公益性

　自発的に無償で自分のためだけに活動してもボランティアとは呼ばないでしょう。ボランティア活動で取り組むのは，自分以外の他者や地域，より広く言えば社会が恩恵を受ける活動です。利他的な行為，あるいは貢献活動と言ってもよいでしょう。

　公益性という言葉は広い概念ですが，この場合の「公」は何を指すかといえ

ば活動によってさまざまです。介助系のボランティア活動のように目の前にいる他者である場合もあれば，地域のお祭りのお手伝いに参加する活動のように地域社会という場合もあるでしょう。また，広域環境系ボランティア活動のように地球そのものである場合もあります。この多様性こそが，ボランティア活動の特徴でもあります。さまざまなボランティア活動によって，恩恵を受けるもの（人，地域，社会，国，世界……）は多種多様です。

　ボランティア活動は，誰かのためにとか，社会のためにという公益性のある活動ですが，では全く自分のためにならないか？　と言うと，そうでもないのです。ボランティア活動の中には利他的な要素だけでなく，実は利己の要素も入っているのです。なぜかと言えば，地域や社会，国や世界のために活動するということは，そこに住んでいる自分も結果的に恩恵を受けるからです。また，自分とは全く別の他者のためにということで活動していても，それが巡り巡って間接的に自分のためにもなっているということがあります。「情けは人のためならず」とは昔から伝えられている言葉ですが，まさにこのことを表現しています（他人に優しくすることは，結果的に自分のためにもなっている。なぜならこの世の中は人と人とがつながっているから，自分が困っている時には誰かが支援の手をさしのべてくれる。よって困っている人には手をさしのべよう，という意味）。

　ボランティア活動をしている人の中には，誰かを支援するつもりで活動しているが，活動を続けていると自分も恩恵を受けていることに気づいたということを言う人が多いものです。この「自分も」の「も」がポイントなのです。いわば「双方向の支援」，これがボランティア活動の本質と言えます。

4）先駆性

　通常は，ここまでの3つをボランティア活動の特性，あるいは原則と呼ぶ文献が多いです。また，他の要素，例えば継続性，連帯性等を加えている文献もあります。しかし，本書（あるいは私が執筆した別の文献）では，東京ボランティア・市民活動センターの考え方に従って，4つ目として先駆性を挙げることにします。

　先駆性とは何でしょうか？　一言で言えば先んじて事を起こすということで

す。何よりも先でしょうか？　このことを説明するために，米国の「わがUSAはボランティアが作った国である」という比喩表現を紹介しましょう。

　ボランティア活動がさかんな米国では，建国以前は場所によっては地域に必要なサービスを自分たちで自発的に提供し合って生活をしていました。後から制度や法律，州や国ができて，さまざまな行政サービスが提供されるようになったのです。つまり，米国はボランティアの力によって開発等の必要なことを先駆けて行ってきた国である。だから自分たちの国はボランティアによって作ってきたのだ，というわけです。

　ここには重要な視点があります。単に先にという順序の問題だけではありません。それは，ボランティア活動は行政サービスとは独立のものであり，行政の補完ではなく，主体的に活動する組織体だということです。もっといえば，ボランティア活動によって新たな社会を作っていくことができるということでもあります。これを前述のように開発性という言葉で表現することもあります。このことが担保されることによって，公益性とも関係しますが，ボランティア活動は時に権力を守る側に立つ場合もあれば，権力に対して抵抗する場合もあるのです。

　さて，ボランティア活動には，自発性・無償性・公益性・先駆性の4つの特性があることを確認しました。では次に，本題であるボランティア組織について考えていくことにしましょう。

（3）ボランティア組織とその分類

　やや堅苦しい話が続きましたが，いよいよボランティア組織とは何かを説明することにしましょう。

　繰り返しますが，本書でいうボランティア組織とは，構成員になることとやめることが自由であり，構成員が報酬を受け取らずに運営に参加・参画している公益団体のことです。このように捉えると，一般的なボランティア・NPO団体だけでなく，町内会・自治会，PTA，学会，スポーツ団体等も含まれることは既に述べました。強制的に参加が求められる組織や，報酬をもらって従

事する団体等を除いて，多種多様な組織・団体が本書で言うボランティア組織に当てはまることになります。

　このようなボランティア組織を，ボランティア活動の第1特性である参加への自発性の度合いを物差しにして分類すると，次のように4つに分類されます。

- Ⅰ種（参加は完全に自由）：誰でも可
- Ⅱ種（参加は年齢・資格などの条件つきのもの）：学会，スポーツチーム等
- Ⅲ種（参加は所属集団により強く促されるもの）：町会，PTA，マンション住民組合等
- Ⅳ種（制度等により限定的なもの）：民生委員等

　一つずつ確認していきましょう。

1) Ⅰ種（参加条件なし）

誰でも参加できる組織です。参加するための条件は，全くありません。年齢も属性も，地域も関係ありません。地域にこだわらないということから必然的に広域なものになります（地域性があるものは次のⅡ種です）。全国組織のNPO団体はこれに当てはまります。

　ちなみに日本で比較的多い会員数を誇るNPOの例としては「日本野鳥の会」があり，会員は約4万人（2014年現在）でサポーターと合わせると5万人以上になります。

2) Ⅱ種（参加条件あり）

同じボランティア組織でも，誰もが参加できるというわけではなく，年齢や資格等の条件によって参加できるかどうか決まっている組織もあります。それがⅡ種です。

　例えば，学会は研究者がそれぞれの研究分野で組織し，自律的に運営しているボランティア組織です。研究成果を社会に公表することで社会貢献に大きく寄与しています。参加は基本的に自由ですが，会則等で会員になるための条件を定めています。「当該分野の研究者であること」という（やや曖昧な）条件が

多いと思います。やや曖昧な条件になってしまうのは，研究者の中には大学や研究機関等に所属していない人も存在し，厳密に限定できないからです。さらに枠を広げて「当該研究分野に強い興味・関心がある者」という場合もあります。

　これらは学会ごとに決められていますが，こうした条件は学会がどのような人に所属してもらいたいのか，その個性が表れる部分ではないかと思います。ちなみに，大学院生は OK でも学部生は NG という学会もあるようです。大学院生は研究者（の予備軍？）として考えていて，学部生はまだそこまでは達していないという判断をしているということです。あるいは少し門戸を広げるために学部生は，会員は NG でも準会員としてなら OK という学会もあり，さまざまです。私は日本特別活動学会の事務局長（兼理事）を 6 年間やっていたことがあります。もちろん無報酬です。会長以下，運営に携わる理事も同様ですから，ボランティア組織と言えます。

　スポーツチームは，社会人のチームは社会人であることが条件ですから，年齢と勤務実態が関係しています。学齢期のスポーツチームは，出場する大会ごとに年齢や属性が定められています。例えば小学生の大会を目指すのは小学生を構成員としたチームです。

　地域オーケストラや合唱団などは，年齢にこだわらず誰でも参加できるようになっていますが，その地域に住んでいることが条件になっている場合にはⅡ種と言えます（条件というよりも，練習場所との関係で自然にそうなるわけですが）。

　社会教育団体は，自治体ごとの登録制度を設けていますが，登録できるのは当該の自治体に在学・在住か在勤という条件となっていることが多いです。あるいは，構成員の何分のいくつ以上が在住などと定めている場合もあります。これは登録団体が施設利用等で恩恵を受ける（利用料金の減額や予約の優先等）ことになることから，行政サービスの恩恵は当該自治体の関係者が受けるべきという基本方針が根拠となっています。もちろんそのようなサービスを受けないことを前提に，多様な地域の在住者を会員として受け入れる組織・団体もあります。

こうしてみると，現代の日本には，何らかの参加条件があるⅡ種のボランティア組織が多いことに気づきます。

3）Ⅲ種（参加が強く勧められるもの）

ボランティア組織とはいえ，所属集団によって参加が強く促されるタイプがあります。例えば町内会は，その地域に住む人々の互助的なボランティア組織ですが，多くの住民が参加しており，任意参加とはいえ，参加が強く促されることがあります。もちろん入会する義務はないので，ボランティア組織として分類しています。

PTAも同様に，保護者の参加が強く促される組織です。参加は任意ですが，現実にはほとんどの保護者が入会し，組織の一員として活動しています。私は公立小学校のPTA会長を2年間やりましたが，自由であるが全員参加（本校の場合）という微妙なあり方に頭を悩ませることがありました。このことについては後述します。PTAではなく父母会という組織の場合もありますが，参加はほぼ強制というケースが多いと思います（形としては任意参加）。マンションの住民組合も，実質的には参加強制に近い組織と言えます。なぜなら公共の部分の大規模補修や管理費の運用等，全住民に関わる案件が協議され実施・運営されるからです。

このように，住んだ地域やマンション，子どもが入学した学校といった属性から，必然的に参加が強く促される組織があります。これがⅢ種です。

ただし，実はⅡ種とⅢ種の間の境界線は微妙なものがあり，一般的な説明はこれまで述べた通りですが，各組織・団体によって状況は異なると思います。例えば，PTAはⅢ種ではなく完全に参加自由のⅡ種という学校もあるでしょうし，逆に，法律や学習指導要領上ではⅡ種に相当する部活動が実質的にはⅢ種に近いという学校もあるでしょう。

このような点（特に曖昧さ）は，次に述べる「楽しさ」や「苦しさ」とも直結してきます。

4）Ⅳ種（制度により限定的なもの）

ボランティア組織であっても，誰かがやらなければならないという制度的な

枠組みの中で運営されている組織があります。実際には誰でもいいというわけではなく，それなりの人が選ばれて任に就きます。例えば民生委員がそうです。

Ⅲ種の場合は，その集団に属する全員に参加が促されますが，Ⅳ種は全員ではありません。かといってⅠ種のように誰でもOKでもなく，Ⅱ種のように自由参加で人数が少なくてもいいということでありません。その地域の何人かが担わないと困るわけです。何とも不思議な組織です。ボランティア組織と言ってよいかどうかも疑問が残ります。Ⅱ種とⅢ種の境界線は多種多様とお話ししましたが，Ⅳ種はボランティア組織とそうでない組織の境界線上に近いとも言えます。

ちなみに民生委員は民生委員法という法律で制度的に定められたもので無償です。児童委員も兼務することになっています。制度的に定められたという意味では，ボランティア活動の特性のうち自発性とは微妙な関係にありますが，無償性，公益性，先駆性の要素は十分適合する活動と言えます。このように，ボランティア活動およびボランティア組織は，4つの特性の濃淡の組み合わせによって多様な形態が存在し，特徴づけられると言ってよいでしょう。

2　ボランティアゆえの楽しさ

前節では，ボランティアとは何かについて，ボランティア活動の4つの特性をふまえ，多種多様なボランティア組織が存在することについて説明しました。では次に，ボランティア組織だからこそ楽しいという側面を前述した4つの特性に照らしながらお話しすることにしましょう。

（1）自発性ゆえの楽しさ

私は，さまざまなボランティア組織に関わってきました。高校時代から始めたボランティア活動でしたが，大学時代にはボランティアサークルのリーダーを担い，群馬県の施設に泊まり込んで作業をしました。中学校の教員になってからは大学時代の仲間とともに教育を研究する団体を立ち上げ運営していました。

現在は学会の活動はもちろんですが，某特撮ヒーローのファンクラブに入会し，また趣味の鎌倉歩きが発展して鎌倉のまちおこしの団体にも関与しています。

　いずれも自分の意志で入会し，楽しんでいます。充実しています。それらへの関与の度合いは違っていて，運営の中枢にいる場合もあれば，単なる会員の場合もあります。どちらにしても入会（参加）自体は私の自発性に基づくものです。自発的であるがゆえに楽しいとも言えます。

　第1に自分の意志で参加しているので，主体的に取り組むことができます。主体的であるということは「自分が主人公である」という感覚をもてるということです。参加すること，準備すること，実行すること，連帯すること，協働すること，活動の成果を味わうことのすべてのプロセス（過程）に自分が関与し，その中心に身を置くことができます。これらは，自発的なことばかりではない労働（勤務）と対比すればわかりやすいでしょう。労働（勤務）では，時には自分の意志に反すること，指示・命令されたことをこなすということが生じることがあります。ボランティア組織では，そのようなことはありません。仮にあったとしても，営利目的の組織ではありませんから，活動の何に重点を置くのか，それを本当にしなければならないのか，求めた相手と十分に協議する余地は残されています。効率優先ではない解決方法が見つかることもあるでしょう。

　労働を含め，さまざまな関係性の中で生きているのが人間ですから，自分が主人公だと思える時間は意外に多くはありません。しかしボランティア組織では，そのような機会が提供されているのです。

　第2に自発的であるがゆえに，その関与の度合いや活動の成果に納得できるということがあります。たとえ失敗しても自分の責任であって，他人のせいにしたり，恨んだりということがありません。結果をすべて納得して受け入れることができます。その結果，自分の長所や短所に気づきます。時にはそれまでに気づかなかった新たな側面を発見することがあるかもしれません。私はこれまで関与してきたボランティア活動で，何度も「自分を知る」機会を得ることができました。これも楽しさです。中学生・高校生・大学生等，今後の進路や

生き方を強く考える世代のボランティア活動では，この「自分を知る」機会の提供は重要な点です。ボランティア活動をきっかけに生き方を模索し変えていく若者を何人も見てきました。ボランティア組織での活動は，自分探しにもつながる貴重な場にもなっているのです。

（2）無償性ゆえの楽しさ

　ボランティア活動の2番目の特性は無償性です。労働（勤務）と違って，その対価（見返り）としての金銭授受がありません。では，そのような行為に楽しさがあるのでしょうか？　普通に考えたら損をするだけではないのでしょうか？　ボランティア活動の価値は，それが役に立ったという事実によって裏づけられます。公益性のあることをして役に立つからこそ価値ある行動として評価されます。そして，それだけです。ご褒美がもらえるわけではありませんし，見返りを期待するようなこともありません。

　ただ，一般のボランティア組織の場合は少し異なります。例えば，学会の活動に参加することは，研究者としてのステータスを確保するために重要な要素になる場合があります。学会の研究紀要に掲載された論文が評価されたり，大会で発表することが実績になったりします。また，スポーツチームに参加することは，楽しみだけでなく，それが夢の実現や将来の仕事につながることもあります。オリンピックを目指して取り組むようなチームがその例です。いずれも参加していることそれ自体には金銭的な意味での見返りはありません。むしろ持ち出しの方が多く苦労が絶えません（特にアマチュアスポーツの場合はそうでしょう）。趣味的なサークルの場合も同様です。

　そのような組織で得られる楽しみとは何でしょうか？　それは金銭授受ではないからこそ得られる「かけがえのない価値」とでも言うべきものに気づくことです。

　労働（勤務）の場面では，その仕事自体に喜びを見出す場合もありますが，必ずしもそうではなく仕事だから仕方ないという場面も出てきます。それでもやめないのは，やめてしまえば生活できなくなるからです。労働では金銭的な

授受という見返りが保証されているからこそ，生活の糧にするという意味でやり甲斐を見出すということがあります。それに対して　ボランティア組織での活動には，そのような保証はありませんから，あくまでも活動そのもの（または組織内の人間関係等）に喜びを見出すしかありません。そして，その喜びを見出した人が組織に残っていきます。見返りがないからこそ，自分たちの活動の意味を常に問い続け，より良いものにし，その実践を通して活動の中に潜む本質的な部分に気づくことができるわけです。

　また無償であるということは，主体性を確保するという点でも意味があります。というのも，労働の対価をもらう場合には明らかに上下関係があります。雇用者と被雇用者という契約関係が存在し，両者が同じ組織内にいるのです。ところがボランティア組織では，そのような契約関係はありませんから，組織内の人間関係は基本的には横並び（フラット）です。したがって誰もが主体的に活動することが可能になります。俗っぽく言えば，何者にも縛られずに，自分のやりたいことを，実現したいことを実践できる世界ということになります。

（3）公益性ゆえの楽しさ

　公益的な活動を行うボランティア組織では，自分が他者や社会とつながっていることを実感できます。

　2011年3月11日の東日本大震災以降，人々の「絆」が改めて見直されました。人は人と支え合って生きています。「お互いさま」の精神が心の奥底に眠っていることを誰もが感じ，さまざまな支援活動が行われました。それは今でも続いています。

　震災復興の活動に限らず，一般にボランティア活動では多様な他者との出会いがあります。時には，自分とは異なる環境に身を置く人と出会うこともあるでしょう。そのような人々と接することによって，新たな価値観に気づかされることもありますし，何気ない会話の一言が自分を奮い立たせてくれることもあります。逆に自分の言葉や存在が，誰かのためになっているということもあります。

私は高校時代からボランティア活動に関わってきました。そこで出会った人は数えきれません。年齢も，思想も，生活環境も，障がいの有無も，地域も，国籍もさまざまです。中には私の生き方に影響を与えた人もいます。多感だった高校・大学時代に出会った人々から受けた影響は大きかったと思いますが，特にある福祉施設の職員さんの姿からは教育の原点を感じることができ，多くのことを学ばせていただきました。また，活動先だけではなく，一緒に活動した先輩や仲間からも多くを学びました。今でも沢山の人に出会いますが，多くのことを吸収させてもらっています。

　ボランティア組織では，仲間を増やすことも重要です。大切にしたい価値を広めるために，楽しさを広めるために，新たな参加者を募集したり，開催したイベントに沢山の人に来てもらったりするということを企図します。このような時によく使う言葉として「巻き込む」というものがあります。他者を巻き込みながら活動を進めていくことには，面白さがあります。自分の大切にしている価値に共感してくれる人がいるということだからです。この巻き込む楽しさを知ってからは，ボランティアの世界から離れられないという実感を持ちました。巻き込むということは，人と人との新たなつながりを創っていく営みです。そうすることで，さらなる出会いと関わり合いのもとで絆が生まれていきます。その相互作用をプロデュースする（きっかけを創り出す）楽しさというのは格別です。

　以上のように，公益性のある活動に参加することで，多様な他者との出会いから学ぶことができること，これがボランティア組織の魅力です。

　補足になりますが，公益，すなわち他者や社会のために行うということは奉仕という考え方と似ています。ただしボランティアと奉仕はイコールではありません。奉仕は，奉り仕えるという字の通り上下関係のある言葉です。下の者が上の者へ自己犠牲的に支えるという意味合いで，大変崇高な理念です。「奉」という字は手という漢字が左右対象で描かれています。その下にあるのが貢ぎ物です。つまり両手で貢ぎ物を持って捧げている姿を表しています。「仕」は偉い人（士）の横に立ってお仕えしている人（にんべん）の姿を表しています。

2文字とも，確かに上下関係のある言葉です。これに対してボランティアの意味は先に述べた通りで，上下関係を前提にした言葉ではありません。横並び（フラット）の関係で成り立っています。この点には注意が必要です。

（4）先駆性ゆえの楽しさ

　ボランティア活動には，行政サービスや制度に先駆けて社会開発・創造に取り組むことができるというメリットがあります。先駆けて社会に貢献できることで達成感や楽しさも倍増されます。先駆けることのメリットは，単に順序の問題だけではなく，独立していることにあると先に述べました。特に行政組織からの独立は重要な視点です。この点をもう少し考察してみましょう。

　社会をより良くするための組織は，もちろんボランティア組織だけではありません。ボランティアではない，つまり労働（勤務）として社会サービスを行っているのは行政や企業です。それらとボランティア組織の違いは，どこにあるのでしょうか。このことを考えることで先駆性の意義がより鮮明になってきます。

　一般に社会的サービスを行う組織としての行政を第1セクター，企業を第2セクター，ボランティア・NPO組織を第3セクターと呼びます。3つのセクターにはそれぞれに特徴があります（注：日本では半官半民による組織サービスを第3セクターと呼びますが，ここで述べているセクター論では異なりますので注意してください）。

　行政によるサービスは，公平性の原則に則って，できるだけ多くの人々にあまねく行き届くようにすることが特徴です。議会で承認されたもの，法律や条令で定まったものに従ってサービスを行います。税金を使って行うわけですから，その使途は議会のチェックを受けます。私たちの生活に関わるさまざまなサービスを提供してくれます。逆に議会の承認がないとサービスは履行できませんし，痒いところには手が届かないことがあります。

　企業によるサービスは，より良いものを作り出し，資本を移動させながら経済活動（市場）を活性化させることで，私たちの生活を豊かにしてくれます。

営利を追求することで，消費者のニーズに応え，消費者を潤し，その成果を従業員等に還元することで，市場の活動をさらに活発にします。逆に利益が上がらないサービスには手を出しませんし，経済効率を優先します。

　ボランティア・NPOによるサービスは，行政のように権力があるわけでも企業のように資本があるわけでもありません。しかし議会の承認がなくても活動を行うことができますので，極端に言えば目の前にいる人にすぐにサービスを提供することができます。また企業と違って経済効率が悪くても，これは必要だと思うサービスを行うことができます（赤字覚悟のサービスと言いますか，無償ですからもともと赤字なわけですが……）。小回りが利くサービスと言えます。したがって，すべての人とか全体に対してサービスを行うということではなく，特定の分野だけ（例えば森林保護とか介護サービスとか），大切にした価値だけでサービスを行う活動なのです。行政と対比すれば「不公平なサービス」と言うことができます（ちなみに行政で働く公務員は「全体の奉仕者」と法律で規定されています）。しかし，そこが強みにもなるというわけです。

　以上のように，ボランティア組織の特徴を考える時には，行政や企業との違いに着目するとわかりやすい場合が多いです。行政と異なる特定の分野，特定の事象に対する貢献，企業と異なる営利目的ではないサービス，それゆえに先駆的，開発的な活動による面白さを実感できる良さがボランティア組織にはあります。補足ですが，3つのセクターそれぞれに長所・短所があるため，個別にサービスを考えるのではなく，短所を相互に補完する意味では3つのセクターによる連携や協働が重要になります。

（5）組織ゆえの楽しさ

　ボランティア組織で参加する活動で感じる楽しさの中には，それが組織であるということに起因しているものもあります。つまり集団で取り組むからこそ得られる喜びや連帯感等です。集団での生活というと，そもそも人はさまざまな集団に所属しています。家族や仲良しグループ，勤務先の集団等です。ではボランティア組織の集団の特徴は何でしょうか。

第1章　ボランティア組織の特質

自発性　　無償性　　公益性　　　先駆性

ボランティアの楽しさと4つの特性

　まず，ボランティア組織の構成員の関係性は横並び（フラット）であるということは先に述べました。このことを特徴づけるために家族集団や労働（勤務）における集団と比較してみましょう。

　家族集団は，役割（関係性）の固定が特徴と言えます。父親はずっと父親です。子どもは両親から見ればずっと子どもです。子どもが成長して親になることもありますが，当人とその親の関係は変わりません。当人は自分の親の子どもであり，自分の子どもの親であるという二重の役割を担うことになりますが……。そしてさまざまな法律によって，果たすべき役割が示されています（例えば児童福祉法，教育基本法等）。

　労働（勤務）における集団では，役割は変わります。仕事によっては部署の異動がありますし，昇格して役に就くということもあります。また，雇用者と被雇用者との関係（契約関係）のもとで，さまざまな法律が適用されます（例えば労働基準法等）。そして業種にもよりますが，一般的には業務を効率的に進めるために指揮命令系統を明確にし，各人が役割を遂行していきます。上司という存在がいて，その指示に従って職務をこなしていくことが求められます。つまり効率的な上下関係を用いることによって業務を円滑に進め，組織全体で利益が出るように配慮されています。

　これに対してボランティア組織は，一般的には上下関係で成り立っているわけではありません（大規模な一部のNPO法人は除きます）。また，役割も固定的ではありません。運営上必要となる代表や各種の役割を定めて分担しますが，必ずしも上下関係で組織が動いているわけではありません。組織によって運営

の仕方は多種多様ですが，勤務集団ほど確固たる指揮命令系統があるわけではありません。また，役割を担う人も次々と交代していきます。例えば，あるNPOでは理事の任期は2年で，連続2期までと決められています。学会では会長だった人が任期終了後，一般会員になるということもあります。このように，ボランティア組織では役割固定ではなく，上下関係ではない横並びの関係で構成員同士がつながっているというのが特徴です。

　横並びの関係でつながっているからこそ，構成員同士が連帯しながら目標（NPOではミッションと言います）に向かって創り上げていく楽しさ，面白さがあるのです。そして，その楽しさは無償であることにより助長されます。金銭授受とは無関係な非営利の価値観で活動に参加するからこそ，活動の本質的な良さやその社会的な効果・成果を感じ取ることができるわけです。

　集団での達成感や連帯感という点では，もちろん家族や労働（勤務）における集団で味わう場合もあります。しかし，それとは少し異質の喜び，楽しさを感じることができる世界，それがボランティア組織の活動だと言ってよいでしょう。

（6）ボランティア組織Ⅰ～Ⅳ種別の楽しさの違い

　次に，ボランティア組織の楽しさを，先に述べたボランティア組織の種類（Ⅰ～Ⅳ種）の違いによって，何が異なるのかについて述べましょう。

　Ⅰ種（参加条件なし）は，これまで述べてきた楽しさのほとんどが当てはまります。ただし参加のための条件がないため，一般的には広域から参加するグループが多いですから，組織によっては構成員間の交流があまりない場合もあります。そのため連帯感による楽しさに欠ける場合があります。

　次にⅡ種（参加条件あり）ですが，参加するのに条件がある組織です。その条件が当該組織の本質や活動内容を規定している場合が多いですから（例えば，学会は当該研究分野の研究者の集団，学生のボランティア団体は学生であることが参加の条件），同好の者が集うための要素となっています。したがってⅠ種と比べれば連帯感が得られやすく，集団の凝集性も高まりやすくなります。その他ボ

ランティアの4つの特性による楽しさも感じ取ることができます。趣味のグループ等は最もわかりやすい例です。例えば，女性の料理グループがあります。自分たちで自分たちの好きなことをやっているという自発性，無償性の楽しさ，同好の集団による連帯感を味わっています。比較的年齢が近い人が集まっているという点も効果的です。そこで知った新たな知識・技能を使って家族に振る舞うことで貢献意識も感じ取っています。

　Ⅲ種（参加が強く勧められるもの）はマンション管理組合，町内会等のように，ある集団に所属することで，その集団に関係する当該組織への参加が促される場合です。この場合，自発性による楽しさが制限される可能性があります。隣人が加入しているからとか，仕方なくという理由で参加する場合があるかもしれません。しかし，最初は半強制的であったとしても，ボランティア組織による取り組みが成果を上げれば，構成員の組織への所属感が高まり，やり甲斐を感じて積極的に活動に参加するということもあるでしょう。無償性や公益性の良さを感じ，先駆的な取り組みの成果の達成感を味わうことで，変わっていくのです。例えば，あるマンション管理組合では，加入している構成員のほとんどが参加する意義を見出していませんでしたが，すぐ隣に高層マンションの建築計画が持ち上がったことを契機に活動（反対運動）が活発になり，構成員同士の関係性も良好になったそうです。私が会長として関わったPTA活動でも，会員の中にはあまり協力的でない人もいましたが，子どもたちに関わる活動（おやじの会の企画）を増やしたところ活性化しました。このように工夫次第で楽しさはプロデュースできますし，それを沢山の人々と享受することができます。

　最後にⅣ種（制度により限定的なもの）のボランティア組織は民生委員に代表されるように公益性のある活動を行う組織ですが，誰もがなれるというわけではありません。制度的な枠組みの中で活動するという意味では先駆性からの楽しさにはやや欠けるかもしれません。しかし，何と言っても公益性の楽しさ（地域社会に貢献していると感得することから得られるもの）を感じ取ることが多い活動でしょう。また，誰でもなれるとは限りませんから，選ばれたことによる

自尊感情や自己肯定感のようなものからくる喜びもあるでしょう。

　以上のように，ボランティア組織といっても多様ですから，活動を通して得られる楽しさもさまざまです。特にⅠ～Ⅳ種による違いは顕著でした。皆さんが関わっているボランティア組織の楽しさとは何でしょうか？　それは組織のどのような特徴から出てくるものでしょうか？　これを機会に改めて考えてみるとよいのではないでしょうか。

3　ボランティアゆえの苦しさ

　前節では，ボランティア組織の活動で得られる楽しさについて解説しました。今度は逆に，ボランティア組織だからこそ大変なこと，苦しさを感じることについて考えていくことにしましょう。両方併せてみることで，ボランティア組織の特徴をつかんでください。

（1）自発性ゆえの苦しさ

　ボランティア活動は自発性に基づくもので，それゆえに主体的になれる活動であると述べました。その背景には，ボランティア活動では活動の結果は，すべて自分（自分たち）が負うという側面があるからです。良い結果・成果が出た時もそうですが，そうでない場合も同様です。自ら好んで参加したわけですから当然です。厳しい言い方をすれば「自己責任」の原理が働いている世界です。失敗した場合にも，ボランティア組織も組織ですから個人ではなく全体で責務を負いますが，行政のように権力があるわけではなく，企業のように資本があるわけではありませんから，限界があります。

　また，自ら望んで参加するということは，その活動の量には際限がありません。本人が望めば，やりたいだけ活動することができます。このことが主体性につながって喜びが得られるのですが，支援が必要な状況というのは，これで終わりということがありません。活動の成果が得られれば得られるほど，別の社会的課題が見えてきて，次々と支援が必要な状況（ニーズ）が目の前に現れ

ます。そうなると，ここでやめるわけにはいかないという気持ちが働いて，次々と活動を拡大・継続していきます。その結果，無理に自分を追い込んでしまい，中には健康を害してしまうということもあります。つまり，燃え尽き症候群に陥ってしまうのです。責任感が強い人ほど，これだけ活動を続けてもまだ解決しないのかと悩む場合もあるようです。実際には一人の活動には，あるいは小さいボランティア組織の活動には限界があって，必ずしもすべての社会的課題を解決できるわけではないのですが……。そのことが理解できないほど自らを追い込んでしまうのです。

　自分で始めた活動の結果が，自分で自分を追い込むことになること，これを「自発性パラドックス」と呼びます。金子郁容さんの名著『ボランティア――もうひとつの情報社会』（岩波新書，1992年）に詳しく書かれていますので，興味・関心がある方はどうぞ。

　私は学生時代にさまざまなボランティア活動に取り組んでいましたが，熱心さの余り活動にのめり込んでしまい，このような状態になりかけたことがあります。そうならなかったのは，活動を徹底的にやったら，しばらく活動をしない期間を意図的に作って自分を振り返る，見つめ直す時間を必ず確保していたからです。

　これまで自発性パラドックスによる燃え尽きで，ボランティア活動をやめていった人を私は何人も見てきました。そうならないような仕掛けが必要であると常々思っています。ボランティア組織全体で，このようなことについて，話題にする時があってもよいのではないかと考えています。少なくともボランティア組織のリーダー役をする方には自身を含め，組織の構成員が燃え尽き症候群に陥らないよう配慮することが求められます。

　以上のように，ボランティア活動の生命線とも言うべき自発性は，活動に参加する人々が主体的になることを保障してくれる反面，自ら参加することで責任主体にもなり，その結果を請け負うことになると同時に，自発性パラドックスと呼ばれる状態に陥る可能性が潜んでいるのです。

(2) 無償性ゆえの苦しさ

　次に，ボランティア活動の2番目の特性である無償性に関わる苦しさについて述べていきましょう。

　まずは無償であることそのものから派生する苦しさとしては，ずばり活動が続かなくなる可能性があるということです。学生のボランティア活動がわかりやすいのですが，活動するには内容にもよりますが，ある程度の時間的，経済的な余裕が必要です。交通費が支給されない活動に参加している学生が，活動に行きたいけれども金銭的な理由から活動を断念するということがあります。このことを取り上げて「だから学生ボランティアはいい加減だ，困る」という声も聞きます。継続的に取り組んでほしい事情を抱える受け入れ側の声として理解できますが，現実的に行けないのですから，致し方ない面があります。

　例えば，東日本大震災の復興ボランティアの特徴は，被災地支援の場所が東北地方の沿岸地域ということもあり，そこに行くために交通費がかかる点にあります。2013年12月現在でも首都圏や中部地方，関西から学生たちが沢山活動に参加していますが，彼らの多くは夜行バスを利用して交通費の負担を軽減しようと努力しています。それでもバイトで貯めたお金が底をついて，しばらく活動を休止してお金を貯めるという学生もいます。

　2番目に，これは苦しさというよりもボランティア活動の弱点と言えるかもしれませんが，無償であるために責任感が欠如する場合があるということです。無償だからいい加減でよいという理屈は全くおかしいのですが，残念ながらいい加減なボランティアが少数ですが存在するのも事実です（ボランティアコーディネーターや，ボランティア受け入れ側の声として聞きます）。もちろん，給料をもらっていてもいい加減な仕事をして上司から叱責を受けるという場合もありますから，ボランティアだから，無償だからということでもないと思いますが……。しかし活動に参加する人は，ボランティア組織の活動ではそれが労働（勤務）ではない分，いい加減な気持ちに陥る可能性があるという戒めとして捉えておくとよいのかもしれません。

　3番目に，無償であるがゆえにモチベーションを維持するのが大変だという

ことが挙げられます。無償だからこそ，主体的に参加し，活動本来の面白さを感じながら活動できるという趣旨のことを，前節でお話ししました。逆に，その活動本来の面白さを感じ，それを組織内の他の構成員と共有しながら維持していくのは，結構大変なことです。

　ボランティア組織の活動では，内容や方法にもよりますが，楽しいことばかりではないかもしれません。困難な社会状況に向き合う活動もありますし，そこで出会う人々との関係も常に良好ではないかもしれません。そのような状況でも，活動の意義を見出し，無償でありながら組織の目標に向かって，自分の大切にしたい価値を見つめながら活動を続けるのは大変なことです。特に，後で述べるボランティア組織内の人間関係が悪化した状況になって苦労すると，無償でありつつ活動を続けるモチベーションが著しく低下する場合があります。私も，さまざまなボランティア組織で活動をしてきましたが，何度もこのような状況を見てきましたし，自分が当事者になったこともあります。

　このように，ボランティア組織では，活動が無償であるがゆえに，トラブルを抱えてしまう場合があります。組織を運営する側は，この特質を十分理解した上で，構成員のモチベーションを低下させないような工夫が必要になります。

（3）公益性ゆえの苦しさ

　ボランティア活動は公益性のあるものです。活動に参加することによって，さまざまな社会的事象（状況）の中に身を置きます。その結果，参加した人は多様な人々と出会い，情報を共有し合うことで楽しさを感じることができると述べました。これは，自分が社会に対して開放されていることを意味します。自分と社会が活動によってつながっているからです。ボランティアは，自分を外の世界に開く行為と言えます。それは見方を変えれば外からの刺激に対して「無防備になっている」状態でもあります。守ってくれるものはありません。

　かつてボランティアの関係者にとって衝撃的な出来事が起こりました。1983年のことです。子ども会のハイキング行事に参加した子どもが川遊びをしていて溺死してしまうという事故が起こりました。当時，ボランティア活動は無報

酬かつ公益の活動であることから，ボランティアに対して法的責任を追求することはできないのではないかと議論になりました。刑事裁判では，ハイキング行事の引率者が過失致死罪で起訴されました。一審の簡易裁判所は起訴された引率者をハイキングの最高責任者と認定して，子どもたちを川遊びさせる場合には，安全な場所を選定し，子どもたちに対して危険箇所を周知徹底させ，他の引率者に対して適切な監督を依頼し，かつ，自らも十分監視すべき注意義務があるのにこれを怠ったことに過失があるとして罰金5万円の判決を言い渡しました（控訴審である高等裁判所は無罪の判決をしています）。児童の両親が引率者らに対して損害賠償を求めた民事裁判の判決では，引率者らに注意義務違反があったとして，損害賠償責任が認められました。ここではボランティアであることが，注意義務を免除される理由にも軽減される理由にもならないことが確認されました。

この判例が出された後には，特に子どもに対するボランティア活動に参加している関係者は，安全管理を徹底するようになりました。また，社会福祉協議会が中心となってボランティア保険の制度を整えていくきっかけにもなりました。

この事例からわかるように，公益性のあるボランティア組織の活動でも，そこで起きた出来事について相応の社会的責任を負うということです。無償の活動であるから責任が免除されるわけではないのです。公益の活動，つまり社会的に意味のある活動であるからこそ当然とも言えますが，自己責任の原理がここでも顔を出しています。私的な趣味活動との違いはここにあります。

（4）先駆性ゆえの苦しさ

ボランティア活動の先駆性について，米国の「わがUSAはボランティアが作った国である」という比喩表現を紹介しました。作ったといっても，その過程では相当の困難が伴ったと思います。自分たちで必要な社会サービスを自分たちで考え実行する，そしてそのサービスを保障する制度や法律が後から作られるわけですから。あるサービスについて提案する人がいて，関係者で協議し

ます。当然全員が賛成という内容ばかりではないでしょう。中には反対が多くてボツになった企画もあったことでしょう。あるいは，協議した上で修正して，できるだけ多くの人が納得のいくサービスを当事者たちで編み出していったということもあったことでしょう。

　一般に，新しいことをするというのは多くの困難が伴うものです。ボランティア組織の場合は，それを新たに立ち上げる場合がそうでしょう。またできた後でも，さまざまな困難に向き合って運営していかなければなりません。

　新しいこと，新しい考え方，新しい事業，新しい発想，これらを他者に示した時には，新しいがゆえに批判にさらされます。もちろん，賛同してくれる人，賛成してくれる人もいるでしょう。しかし，その通りに実現するということは滅多にありません。

　なぜ新しいことは批判にさらされるのでしょうか。

　一つは，その新しい考え方や発想が既存の価値体系のどこに位置づけられるのかが見えないと，解釈し理解できないからです。「知る」ということは，既存の知識体系のどこかに位置づける行為だからです。例えば，相手が「新しいと言っても実は既存のAとBを基にした企画だ」と，既存の知識体系をふまえ理解してくれる場合がそうです。

　もう一つは，それが本当に有益な活動かどうか，新しいがゆえにわからないからです。当然既存の最も似ている活動，または他の組織で実施している別の活動等から想像し，類推して意義や妥当性を判断するしかないからです。同じことを他の組織で実施している場合には理解されやすいのですが，「では，ここでは有益か？」ということが問われますので安心できません。

　このような理由から批判にさらされるわけですが（というと大げさですが，要は吟味される「まな板の上に乗る」ということです），理解してもらい，納得してもらい，一緒にやると言ってもらうまでの議論には時間がかかります。あるいは，そうならないかもしれません（つまりボツ）。

　一般に民主的な合意形成には時間がかかります。ワンマンな社長が，これで決まりと鶴の一声で決めるのとは違います。反対の人の声にも耳を傾け，場合

によっては修正していく，その上で合意するという過程は，短時間では無理だからです。

　仮に，その活動が OK になったとして，いよいよ実現するという時にも大変さが伴います。活動の意義を説明して，参加を募り，巻き込んでいかなければなりません。仲間のスタッフが必要であるならば，募って参加してもらわないといけません。ボランティア組織であれば，ボランティアを募る場合も多いでしょうが，無償で参加してもらうためには，参加する意義も理解してもらわなければなりません。このような一連の作業には，かなりのエネルギーを使います。

　私は，これまでにいくつかのボランティア組織を立ち上げました。学校教諭になった仲間たちと一緒に作った「学習院出身教育の会『創』」，JVCA（日本ボランティアコーディネーター協会）の会員相互の交流会である「ココサロン学校教育」，日本特別活動学会の会員拡大等を企画する広報委員会の「PR 促進チーム」などです。

　ボランティア組織ではなく勤務（仕事）としてですが，私の勤務校（学習院大学）に教育学科を開設することを提案し，同僚の先生方とともに準備に奔走し，2013年4月に実現に漕ぎ着けました。約5年かかりました。その時の経験から言っても，上で述べたことを実感します。

（5）組織ゆえの苦しさ

　ボランティア組織は，組織ゆえの楽しさがあることを述べました。今度は逆に，組織ゆえに苦しい場面，大変な面について述べましょう。

　ボランティア組織の構成員の関係性の特徴として，横並び（フラット）の関係であることを述べました。だからこその楽しさもあるのですが，逆もあります。前項で説明したこととも関連しますが，（本物の）民主的な合意形成には時間がかかります。指揮命令系統が明確な場合は，責任主体となる人が決断し指示命令すれば済みます。しかし，横並びの場合は，誰もが納得するまで時間をかけて協議を行う必要があります。

自己責任　モチベーション低下　責任問題　批判

ボランティアが大変な時

　ボランティアセンターの人から，以下のような話を聞いたことがあります。近年，企業をリタイアした男性高齢者がボランティア活動に参加する場合が増えてきました。この中には，参加したボランティア組織の中で，とても煙たがられている人がいます。どういう人かと言うと，企業での合意形成の方法や，上下関係・指揮命令系統・ヒエラルキーがすべて（絶対的な善）だと思っていて，その方法を押しつけてくる人だそうです。企業やボランティア組織も多様ですから，中にはそれでうまくいく場合もあるでしょう。しかし一般に両者はかなり違います。そのような齟齬が起こるのは，ボランティア組織の特性を理解していないからです。

　次に，無償性とも絡みますが，ボランティア組織での活動は労働（勤務）ではありませんから，対価（見返り）はありません。活動の楽しさや構成員同士の連帯感が次の活動への原動力になります。その分，構成員同士の人間関係がきわめて重要になります。もし人間関係が悪化して対立してしまうと，往々にして感情的なものに発展します。なぜかと言うと，ボランティア組織なので，どちらも「良いことをしている」ということで活動に参加しているからです。やり方が気に入らないとか，言い方が気に入らないとか，些細なことでも気になってしまう場合もあります。それでいて相手がなぜそのように思っているのか，なかなか理解できないものです。

　見返り（給料）がある活動であれば，生活のために仕方ないとか，まあ我慢しようとか，あの人ともうまくやっていくしかないか，とか思うものですが，ボランティア組織では，そのようなロジックは成立しませんので，一気に感情

的な反応になってしまうのです。私はこれまでさまざまなボランティア組織に関わってきましたが，このような感情的な対立を沢山見てきました。実は私自身が当事者として対立の主人公になったこともあります。その時の反省から，ボランティア組織におけるこのような特質に非常に関心があり，分析してみようと思いました。

　対立が根深くなると，組織そのものが空中分解してしまうこともあります。そうならないための努力が必要ですが，感情レベルの反応ゆえに収拾が難しい場合が多いようです。皆さんや，皆さんの周囲のボランティア組織には，このようなことはないでしょうか？

（6）ボランティア組織Ⅰ～Ⅳ種別の苦しさの違い

　次に，ボランティア組織の苦しさを，先に述べたボランティア組織の種類（Ⅰ～Ⅳ種）の違いによって，何が異なるのかについて述べましょう。

　まずⅠ種（参加条件なし）は，参加するのに条件がない組織です。広域の組織の場合には構成員間の交流が少ないですから，先に挙げた組織ゆえの苦しさというのは，それほど感じないかもしれません。しかしそれは一般会員の場合であって，運営する側は会員数の増大とともに，やらなければならない作業が増えていくので意外と大変です。会員への情報提供，交流の促進，事業の運営，社会的なPR（広報）などです。

　これまでボランティア組織の活動の楽しさや苦しさのお話しをしてきましたが，実は一般会員の場合と運営側とでは大きく異なります。会員数が10名に満たない小さい組織なら別ですが，組織の規模が大きいほど計画的，組織的な運営が求められますので，運営側の負担は増えます。

　Ⅱ種（参加条件あり）は，参加するのに一定の条件や資格等が必要な組織です。同好の者が集まる楽しさは先に述べましたが，運営側の大変さはⅠ種と同様です。一般会員については，一定の参加条件があることから，似たような者が集まる組織になりますが，その分視野が狭くなりがちです。私は学会の事務局長を6年間やりましたが，さまざまな苦労がありました。

Ⅲ種（参加が強く勧められるもの）は，ある集団に所属したことで参加が促されるボランティア組織で，町内会やPTA等です。近隣の人々が加入しているから参加するという理由で参加する町内会や，子どもがその学校に入学したからという理由で参加するPTAや父母会等，人によっては自発性に欠ける面がありますので，構成員の活動への向き合い方には温度差があり，運営側は別として，一般会員の所属感は薄くなりがちです。例えば，運営する側とそうでない側がはっきり分かれているPTAでは毎年役員のなり手がなかなか出ずに困っているとか，役員は熱心だが一般会員は無関心であるとか，色々な声を聞きます。

Ⅳ種（制度により限定的なもの）は，必ず誰かが担うべきものでありつつ，しかし誰でもいいというわけではない微妙な位置にあるボランティア組織です。わかりやすい例として民生委員を挙げてきました。参加している人々が積極的に活動に参加している場合は問題がないのですが，活動自体にやり甲斐を感じなくなった時や，自発性パラドックスに陥った時などは苦しい状況です。こういった場合は指名した側が聞き取り（ヒアリング）や面接などをして，状況を確認し，何らかの解決を図らなければなりません。また，活動者の質の向上も重要で，自己研鑽に励むよう奨励するほか，研修等を充実させるよう配慮しなければなりません。また，指名した側からの働きかけだけでなく活動者互助の補完機能も発揮できるよう，情報交換・交流の場を設ける等の工夫も必要となります。

以上のように，ボランティア組織の様態によって構成員が感じる苦しさも違うものです。

これで第1章はおしまいです。本章では，ボランティアとは何か，ボランティア組織の特徴はどのようなものか等について，基本的な事柄を中心に解説しました。いわば入門的な内容でした。続く第2章ではボランティア組織における学びについて述べます。

第2章　学んで育つボランティア組織のメンバー

　本書の目的はボランティア組織のあり方とその運営について，学び（教育）の視点で解説することでした。そこで，第2章ではボランティア組織における学びとは何かについて基本的な考え方を述べます。

　まず，本章ではボランティア組織の学びとは何かについて述べ，次に学びを創り出すための民主的な合意形成の重要性とその手法について解説します。最後に双方向の学びを可能にするための考え方について述べます。

1　ボランティア組織における学びとは？

（1）学びとは何か

　人は生まれてから死ぬまで，さまざまな学びを経験します。ここで言う学びとは学校などの教育機関で教わること，習うことだけを指しているのではありません。本書では，学びとは人が新たに知識・技能等を獲得して変容（成長・発達）していく営みと捉えます。すると意図的な学習だけでなく，さまざまな経験を通して変わっていく様態も学びになります。

　言葉の意味から考えると，学びの動詞形である「学ぶ」には「①まねてする。ならってする。②教えを受ける。業を受ける。習う。③学問をする」等の意味があります。①のように「学ぶ」は元々「真似ぶ」であったと言われます。師匠から弟子への教育において，弟子は師匠のお手本を真似て，技術を磨いていきます。知識を得ていきます。そのような様態が学ぶことであったわけです。

　では，真似することから，学ぶことへの移行過程はどのようなものでしょうか？　いつまでも真似ているだけでは変容しないからです。これについては「守破離（しゅはり）」という考え方がわかりやすいと思います。守破離は，日本の茶道，

武道，芸術等における師匠と弟子の関係のあり方の一つです。まずは師匠に言われたことを真似てみて，型を「守る」ところから修行が始まります。その後，その型を自分と照らし合わせて研究し，自分に合った型をつくることにより既存の型を「破」ります。最終的には師匠の型，そして自分自身が造り出した型の両面を理解しているがゆえに，型から「離」れて自由になることができるというものです。自由になることができる段階にまで変容すれば，技能を十分に獲得できたというわけです。

次に「学」のもともとの字である「學」はどうでしょうか？ 上部中央の×印は交流する様子，つまり師匠から弟子へ伝授を通して交流する様子を表しています。「うかんむり」は屋根のある家を表し，上部の左右は手，つまり両手を表しています。総合すると，元々「學」は学校を表していたことになります。やはり師匠と弟子の交流が基本になっていることがわかります。

ちなみに「学習」とは「①まなびならうこと，②［教］過去の体験の上に立って，新しい知識や技術を習得すること。広義には精神・身体の後天的発達をいう。③［心］行動が経験によって多少とも持続的な変容を示すこと」です。③の心理学的用法では，経験によって行動が変容することが学習であるとしています。ボランティア組織における活動の経験が人を変えるとすれば，まさにボランティア活動はまさに「学びの世界」と言えます（上記で引用した辞書的定義はすべて『広辞苑 第五版』〔電子辞書版〕によります）。では，ボランティア組織で学ぶとはどういうことなのでしょうか？

本書では「価値に気づく」「自己を生かす」「他者と連帯する」「社会と自分を結ぶ」の4つを挙げます。この4つについて順々に述べていくことにします。

（2）価値に気づく

学びとは人が新たに知識・技能等を獲得して変容（成長・発達）していく営みです。では，ボランティア組織における学びとは何でしょうか？

第1は「価値に気づく」ということです。

ボランティア組織における活動で得られる喜びは，労働（勤務）と違って見

返りがあるわけではありませんから，活動そのものに直結したものになります。活動の分野や内容によって異なりますが，活動を継続しているうちに，そこで出会う人々や，社会的課題から，新たなことに気づかされるということが起こります。自分が大切にしたい価値に気づくということです（無償の活動そのものの価値に気づく場合もあります）。

　例えば，福祉分野のボランティア活動をしている人に，なぜあなたは環境分野ではなく福祉分野の活動に取り組んでいるのか聞いてみましょう。スポーツチームの活動に参加している人に，なぜあなたは野球ではなくサッカーのチームで活動しているのですかと聞いてみましょう。答えは，その人が大切にしたいもの，好きなものが活動の中にあるからです。

　そのような価値に最初から気づくというわけではありません。むしろ活動をしながら気づいたり発見したりすると言ってもいいでしょう。例えば，最初に活動に参加したきっかけは「知人から誘われたので」という人が，活動を続けるうちに活動の意義や価値に気づくことがあるでしょう。国際協力に取り組む組織でも，最初は国際協力の意味すらわかっていなかったのかもしれません。しかし活動に参加するうちに，国際協力の重要性に気づき，今後も活動を継続したいと思うと同時に，国際協力を大切な価値として捉えるようになります。活動しながら気づいたり発見したりするということは，まさにボランティア組織による活動が「学び」として機能しているということになります。

　学校教育の例ですが，福祉分野のボランティア学習に取り組んだ高校生が，自分が大切にしたいこと，やりたいことが福祉分野の中にあると気づき，進路を変えて福祉の方に行きたいと考えるようになったこともあります。環境ボランティア学習に取り組んだ中学生が，将来勤務したい企業は環境に優しい取り組みをしているところだと気づいたという例もあります。進路や生き方を考える生徒・学生の世代にとって，このような経験は貴重で，なぜならキャリア教育にもなっているからです。

　つまり価値に関わるということは，生き方に関わる営みでもあるということです。

大学生が，新しい自分の側面に気づくことがあるかもしれないと考えボランティア活動に参加して，発見していく例もあります。いわば「自分探し」の営みです。若い人だけではありません。いわゆる「会社人間」だった人が企業をリタイアしてからボランティア活動に参加する例が増えています。最初は戸惑うことも多いようですが，活動を継続していくうちに，企業とは違う価値，例えば営利目的ではない活動内容や利益第一主義ではない考え方にふれ，それまでとは違う価値に気づいていくと聞きます。
　私は，かつて子どもがお世話になった保育園の親の会に参加していました。本書でいうⅢ種の組織です。最初は妻に任せきりでしたが，父親も子育てに一緒に参加することには意味があると気づかされ，積極的に参加するようになります。父親同士の飲み会を企画して情報交換と連携を図りつつ，調子に乗って保育園の25周年記念イベントの実行委員長もやってしまいました。人はいくつになっても変われる（学べる）ものだと気づかされた活動でした。ボランティア組織の活動による学び，それは価値にふれ生き方を考えるものなのです。

子育てからボランティアへ

（3）自己を生かす

　ボランティア組織の活動による学びの第2は「自己を生かす」ことです。
　ボランティア活動の特性として公益性があるように，ボランティア組織の活動は地域や社会，他者にとって有益な内容です。そのような活動に参加する人々は何を得るのでしょうか？　有益な活動をすることで他者や社会に貢献することはもちろんですが，その結果活動に参加した人が「役に立つ自分」に気づくということが重要になります。
　私が「社会的有用感」と呼ぶこの感覚は，ボランティア活動のキー概念です。自分が社会の中で役に立つことを，自分が実感するということです。これは，

一般的には「自己有用感」と呼ばれるものですが、私は「社会の中で」ということを強調したいため「社会的有用感」と呼んでいます。

　なぜ重要なのかと言うと、人は人と関わって相互に役に立つことで共生しているからです。人間として「間」を付けて呼ぶことかもわかるように、人は人との間柄を大切にしながら生きています。そのため、相互に役に立っていると実感できることは、共生社会に生きる人間として必須（なくてはならないもの）とも言えます。しかし、通常の生活の中で、このことをリアルに感じる機会はそうあることではありません。ところが、ボランティア組織の活動では、無償で参加するからこそ感得できる場面があるのです。

　2つ例を紹介します。阪神・淡路大震災の復興支援ボランティアで、社会的有用感を感じ取って変容を遂げた若者たちがいました。バイクを使って物資輸送のボランティアを行った暴走族の少年たちは、自分たちにも役に立つことがあると気づき、暴走族をやめます。有用感を感じていれば、夜中に爆音を出して存在感を示す必要がないからです。もう一つは10年以上前の大阪の中学校の事例ですが、荒れ放題だった学校を立て直したのは、地域の人々と先生方との密接な連携でした。地域のさまざまな場所で、生徒たちのボランティア体験・職場体験を受け入れたのです。生徒たちは、自分たちに役に立つことがあると気づいただけでなく、逆に自分たちが地域の人々にいかに見守られて生活しているのかということを理解したのです。中学校内外での問題行動は急速に無くなっていったそうです。

　なぜ変わっていくのかといえば、有用感が自己肯定感にもつながっているからです。たとえ課題を抱えていた人でも「欠点も色々あるけれど、こんな自分でいいのだ」という肯定感をもてば、他者を傷つけたり、必要以上に自分を大きく見せたりする必要がなくなるのです。

　役に立つということは、その人がもつ何らかの知識や技能・技術等を生かすということに他なりません。「自己を生かす」ということです。自己を生かすためには、自己理解と同時に他者理解・社会の理解という「3つの理解」が必要です。自分の長所は何か、それを他者や社会のどのような点に貢献できるの

かを認識しているからこそ上手に役に立てるからです。そして，この「3つの理解」も活動を通して得られる学びです。ボランティア組織の活動では，自己理解，他者理解，社会の理解を深めながら自己を生かす方法を理解するという学びがあるのです。

（4）他者と連帯する——他者から学ぶ

　ボランティア組織の活動による学びの第3は「他者と連帯する（他者から学ぶ）」ことです。前項でも述べましたが，人間は他者との間柄を大切にしながら生活しています。特にさまざまな人々が集うボランティア組織では，他者との関係性は避けて通れません。そればかりか，他者との関係性こそがボランティア組織の醍醐味であり特長であると言ってもいいでしょう。

　ボランティア組織が目指す究極の目的は，人々が幸せに楽しく生活できるよう多様な分野で行動を起こすことです。東日本大震災の復興ボランティア活動の様子を引用するまでもなく，人々の「絆」は人間生活の基盤であり，なくてはならないものです。「共に生きる」という言葉をよく使いますが，人々が共生・共存するという人間にとって基盤となるものを創るためのお手伝い，それがボランティア組織の存在意義です。とすれば，活動の種類にもよりますが，さまざまな人々との出会いから学ぶことになります。

　ボランティア組織で出会う他者は大きく2つに分かれます。一つは活動先で出会う人々，もう一つは一緒に活動する人々です（正確には前者は後者以外のすべての人々ということになります）。

　活動先で出会う人々とは，組織の公益活動の対象となる人々や，その場所で出会う他の組織の人々のことです。例えば，福祉系ボランティアの高齢者施設での活動の場合，その施設の利用者や職員，別のボランティア組織の人々等，PTA活動であれば，子どもたちのためのイベントで出会う他の家庭の子どもたちや他校のPTA役員等です。いわばボランティア組織の活動の対象となる人々（その活動によって恩恵を受ける人々）です。活動の種類によって多様ですが，自分とは立場や境遇，生き方や考え方が違う人もいるでしょうし，中には社会

的困難（課題）に直面している人もいます。そのような「多様な他者」との出会いとそこから生じる関係性の構築から、ボランティア組織のメンバーは多くのことを学びます。人間や価値観の多様性、困難を抱えながら生きることの意味、共生・共存することの尊さ等です。

次に、一緒に活動する人々とは、文字通りそのボランティア組織のメンバーで、一緒に活動に参加・参画する人々のことです。先ほどの福祉施設の活動例では活動団体のメンバー、PTA活動の例では同じ会員である他の保護者（P）や先生（T）です。この人たちからも多様なことを学びます。組織の目標や使命（NPOではミッションと呼びます）を共有し、協力しながら活動に参加することで連帯感や達成感が生まれますが、最初からうまくいくとは限りません。協議を重ねながら活動のあり方を検討していくと、その途上で考え方が異なり対立することもあります。そうした困難を乗り越えて相互理解を深めることで、大切にしたい価値を共有することができるのです。また活動中の姿や、活動後の振り返りから多くのことを学ぶことがあります。普段あまり喋らない人が雄弁に語ったり、不真面目だと思っていた人が真面目に発言したりすることなど、当人の違う側面に気づくこともあるでしょう。活動後の振り返りでは、活動の感想や気づきを発表し共有することが多いですが、同じ活動をしたのに全く違う感想をもったり、違う活動をしたのに同じような気づきがあったりと、他者の反応、発言、気づきから、さらに気づかされたり、学ばされたりすることがあります。

私が初めてボランティア活動に参加したのは高校2年生の時、土曜日の午後に母子寮（福祉施設、現在の母子生活支援施設）に行って子どもたちの遊び相手をするというものでした。施設の子どもたち、寮長をはじめとする職員の方々、一緒に活動した仲間からの学びは大きく、私のボランティアの原点になってい

**多様な人々が参加するのが
ボランティア組織**

ると言っても過言ではありません。実は私がボランティアをライフワークにするようになったのは，この時に出会った女の子の一言がきっかけでした。それまでには見たこともないような寂しそうな表情で，私の横顔が自分のお父さん（故人）に似ているとポツリと呟いた時のことです。楽しいと感じていた活動で，私がいることで苦しんでいる子がいると知った時に，自分が活動に関わる意味や意義，子どもたちの生活環境等について真剣に考えるようになったのです。その子を含めた子どもたちのこと（他者），それらを取り巻く社会福祉という制度（社会），自分がどう関わればいいのか（自分），という三者に目が向いていることに私は気づきました。

（5）社会と自分を結ぶ

　福祉という制度に則って施設があるわけですから，私の目は母子寮という存在だけでなく，それを成り立たせている福祉とは何かについて，あるいはボランティアとは何かについて強い興味と関心を持つようになりました。このように，ボランティア組織の活動では，価値に気づくこと，自己を生かすこと，他者から学ぶこと以外に，社会的課題に目が向くことという学びがあるのです。ボランティア組織の活動による学びの第4は「社会と自分を結ぶ（社会から学ぶ）」ことです。

　そもそも要支援のボランティアが必要な状況というのは，何らかの社会的課題があるわけです。ここでは社会的課題とは，家庭・生活環境，経済的事情等の何らかの要因で社会生活を営む上で改善すべき課題がある状況（支援が必要な状況）のことを指すことにします。ボランティア活動の分野例として15挙げましたが（11頁参照），それらの分野の課題そのものに目が向くことで，活動に参加した人々は何かを学ぶことができます。では，何を学ぶのでしょうか？

　ボランティア活動とは，自らの意志で社会的課題に向き合い，改善が必要な状況の解決策を考え，実行し，検証することで公益に無償で寄与するものです。したがって，解決策を考える過程では当該分野についての知識が必要になりますから，必然的に学ぶことになります。例えば緑化運動に取り組んでいるボラ

ンティア活動では，市内の緑の現状を知り，その上でどこが・何が課題になっているかを見極め，どのようにすれば課題を解決できるかを考えます。そして，その過程で市内の環境問題に目が向き，緑の現状を知ることになります。ボランティア組織の活動に取り組むことは，自分が社会への門戸を開いていく，自分が社会のある課題と結びついていくきっかけになるのです。

　さらに言えば，単に課題を解決して終わりということにとどまらず，活動の成果を公表したり，提言したりすることがあります。あるいはメンバーを増やしたいために地域にPRすることがあります。こうした展開を通して，自分と社会との結びつきはさらに強化され，社会的有用感を味わうことにもつながります。

　ここまで社会的課題という言葉を使って説明してきましたが，ボランティア組織には色々なものがありますので補足しておきます。特に課題があるというわけではなく，良好な状況を「さらにより良くしていく」（質を高めていく）という活動もありますので，ボランティア組織のメンバーが向き合うのは要支援の困難な状況だけではありません。その場合でも，より良くしていく方法を考える際に，当該分野についての知識を新たに得て行うということはあるでしょう。

　考えてみると「社会と自分を結ぶ」という行為は，労働（勤務）を通して行うことを除けば，それほどあるわけではありません。法的な手続きで役所に行く時に感じるくらいでしょうか？　ボランティア組織の活動に参加することは，労働（勤務）以外の別の架け橋で社会と自分を結ぶ行為と言っても過言ではありません。専業主婦（夫）等の無職の人にとっては唯一に近い行為ともいえ，貴重な機会となるでしょう。

（6）ボランティア学習という考え方

　これまで述べてきたように，ボランティア組織の活動には多様な学びの機会があります。その学びは本人が気づいているものもあるでしょうし，本人が気づいていないもの（無意識なもの）もあるでしょう。また，組織の誰か（例えば

リーダー等）が意図的にメンバーの学びが得られるように仕組むこともあるでしょうし，そうでない場合もあるでしょう。学びの形態・様態はさまざまです。

　このような一連の学び，つまりボランティア組織の活動においてメンバーが獲得する学びの総称を，本書では「ボランティア学習」と呼ぶことにします。なお別の文献では，学校教育等で行う意図的なものを「ボランティア学習」と呼んでいることもあります。例えば「ボランティア活動は，社会に存在する多様な課題（支援が必要な状況）に向き合い，その解決策を考え，それを実行し，検証し，その成果や課題を提言することで，よりよい社会作りに自らの意志で貢献するものです。その学習性に着目して社会体験学習として構成したものが『ボランティア学習』です」（拙著『実践に役立つボランティア学習の基礎理論』大学図書出版，2010年）というものです。

　このようにボランティア学習の定義には，一般のボランティア活動で起こる学び（本書の定義）として捉えたもの（無意図的なものも含む）と，ボランティア活動の学習性に着目して意図的な学びとして構成したもの（先の文献）とがあります。本書では前者の考え方に基づいていますが，両者の総称としてボランティア学習を捉えることもできます。

　ボランティア学習には，さまざまな考え方がありますが，ここでは私が整理した3つの種類を紹介しましょう。

1) ボランティア活動のための学び——事前学習・準備学習

　ボランティア活動を行う上で必要な知識や技能を事前に獲得するもので「事前学習」と呼ばれます。例えば，観光ガイドボランティアでは，活動の前に説明すべき内容を覚えたり，ガイドコースの下見をしたりすることです。聴覚障がい者との活動前に手話を学ぶことや，施設ボランティア活動で事前にオリエンテーションを受けること等も該当します。ボランティア組織の活動では，その活動内容にもよりますが，事前に何らかの予備知識を得て行うものが一般的ですから，学びの機会は欠かせません。中にはこれまでに経験したことのない技能の獲得や，かなりハードな訓練を必要とするものもあります。ボランティア組織の活動は，労働（勤務）のようなプロの活動ではなく，いわばアマチュ

アの活動ですから，より時間をかけた学びが求められるとも言えます。

　もう一つは，長い年月で考えた時に，将来ボランティア活動を行う人々を育成するために行う学びというものがあります。例えば小学校で行うボランティアは本格的な活動というよりも，きっかけ作りとしての側面があります。「種まき」のようなものです。学校教育そのものに種まきの要素があるわけですが，将来的に芽が出るとすればボランティア活動を実践する人々を育成していることになっています。もちろん学校教育だけでなく，社会で行う多様な教育機会の中で行われているボランティアが，その後に続くボランティア活動のきっかけ・準備になっているということがあります。つまり「準備学習」ということです。

　このように，ボランティア活動のための学びには「事前学習」と「準備学習」とがあります。前者は短期的に見た場合の学び，後者は長期的に見た場合の学びです。

　2) ボランティア活動についての学び

　ボランティア活動を行うと，意図的か否かにかかわらず，ボランティアそのものについて知ることになります。例えば，ボランティアの言葉の意味（定義），ボランティアの意義，ボランティア活動の特性，歴史等，本書で説明してきたようなことを知るわけです。これは活動前，活動中，活動後のいずれでも起こりうる学びですが，活動後に特に自分たちが役に立ったかどうか検証する際に，ボランティアとして関わった成果を意識化することで特に理解が深まる学びです。

　3) ボランティア活動による学び

　ボランティア活動を行うことで新しい価値に触れ，他者や社会に目が向き，

教育とは「種まき」

新たな自己の側面に気づくといった学びが展開されます。これについては既に述べました。この学びは大きく2つに分類できます。活動をした人から外と内，各々に向かう方向性です。これを筆者は下の図のように「学びの2つのベクトル」と呼んでいます。他者や社会に対する気づき，発見としての「外向きのベクトル」と，自己省察（他者や社会との関係を通した自己像の捉え直し）としての「内向きのベクトル」です。ボランティア活動では，この両者が絡み合って展開していきます。なお外向きと内向きのどちらが強く作用しているのかは，人によってまた，活動によって異なります。常にどちらかが強く作用している場

学習者から外へ
他者や社会に対する気づき、発見

学習者の内へ
自己省察（他者・社会との関係を通した自己像の捉え直し）

ボランティア活動「学びの2つのベクトル」

合もあれば，同じ人でも活動の経過とともに変化する場合があります。
　以上の3種類の学びを総称してボランティア学習と呼ぶことができます。
　ここでわかるように，ボランティア活動では活動中だけでなく活動の前後にも学びがあり，その内容は多様です。その学びの過程を表すと次頁の図のようになります。
　事前の準備，活動，そして振り返りのPreparation（準備学習）からReflection（振り返り）の段階までは，ボランティアに限らず何かの事業やイベントでは，このような過程をたどりますから既知のことではないでしょうか。そこで次の

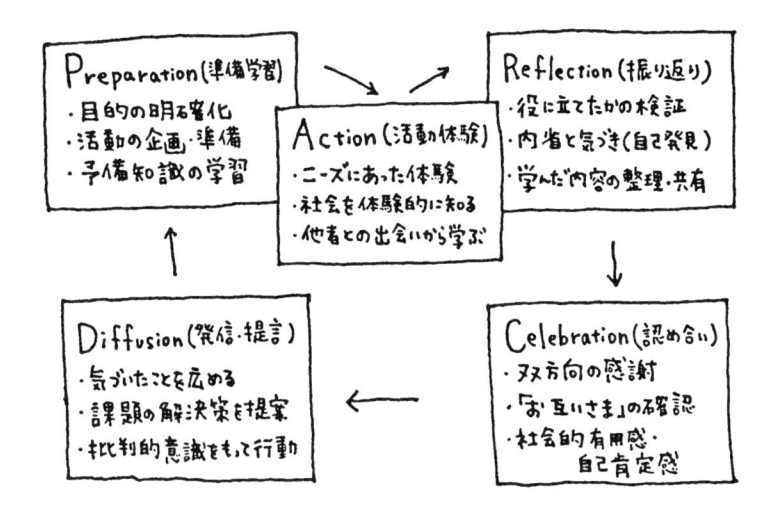

第2章　学んで育つボランティア組織のメンバー

Preparation（準備学習）
・目的の明確化
・活動の企画・準備
・予備知識の学習

Action（活動体験）
・ニーズにあった体験
・社会を体験的に知る
・他者との出会いから学ぶ

Reflection（振り返り）
・役に立てたかの検証
・内省と気づき（自己発見）
・学んだ内容の整理・共有

Diffusion（発信・提言）
・気づいたことを広める
・課題の解決策を提案
・批判的意識をもって行動

Celebration（認め合い）
・双方向の感謝
・「お互いさま」の確認
・社会的有用感・自己肯定感

ボランティア学習のPARCDサイクル（学習過程）

Celebration（認め合い）段階とDiffusion（発信・提言）段階がボランティア学習の特徴になりますが、この2つの段階については、第3章で詳しく説明します。ここではボランティア学習には学びの過程があって、それらを丹念に繰り返すことで深まっていくということだけを確認しておきましょう。また、学習過程の詳細については別の文献（拙著『実践に役立つボランティア学習の基礎理論』大学図書出版、2010年など）を参照してください。

もう一つ、ボランティア活動と学びの関係として有名な答申文がありますので紹介しておきましょう。1992年の生涯学習審議会答申です。この中でボランティア活動と生涯学習の関連性について、次の3つの視点が述べられています。

① ボランティア活動そのものが自己開発、自己実現につながる生涯学習となるという視点
② ボランティア活動を行うために必要な知識・技術を習得するための学習として生涯学習があり、学習の成果を生かし、深める実践としてボラ

ンティア活動があるという視点
③　人々の生涯学習を支援するボランティア活動によって，生涯学習の振興が一層図られるという視点

　先に述べた活動の前後の学びと重なる部分も多いことに気づきます。
　本節ではボランティア組織における学びについて述べてきました。その学びを得るためには，組織内の人間関係が民主的であることが条件になります。一部の人が独裁的に仕切っていたり，命令したりしているような組織では理想的な学びは得られません。それはなぜなのか，民主的な人間関係にするためにはどうすればよいのかについて次節で説明することにします。

2　民主的な合意形成を大切にする

　本節では，ボランティア組織に集うメンバーの学びを効果的にするためには，どうしたらよいのか，その基盤となる民主的な合意形成について述べます。

（1）メンバー同士の「ゆるやかな結びつき」
　自らの意志で何らかの貢献をしようというボランティア組織の特長は，メンバー同士の関係性が横並びであることだと前に述べました。ここでは，このことをもう少し掘り下げてみましょう。
　一般にボランティア組織は，各々の組織・団体の目指す目的や目標，社会像や社会的使命（NPOではミッションと言います）などがあり，固有性をもって活動を展開しています。そこに集うメンバーは，それらの価値に賛同し，共感したからこそ参加しているのです。そして有給スタッフを抱えている一部のNPOを除けば，ほぼすべてのメンバーが無償で行う活動に取り組んでいます。そのため効率性や経済性といった企業活動で重視される特質は必ずしも重きを置かれず，上記の目的の達成やメンバー同士の連帯などが重視されることが多いものです。そのため企業のような役職によるヒエラルキー（上下関係）は必

ずしも必要はなく，横並びの関係性で運営されているのが特徴です。

　もちろんこれは役職を全く置かないという意味ではなく，代表やリーダーといった肩書きの人がいて，他にも種々の役割を分担しながら運営されている場合が多いでしょう。しかしその役職間に上下関係があるわけではなく，便宜的に分担しているに過ぎません。

　例えば，私が関わっている教育系のある学会では一般会員の中から投票で運営役としての理事を選出し，理事が責任をもって会務運営にあたります。理事は互選で会長や副会長，常任理事などを決め，会務に必要な役割を担って無償で活動しています。学会によっては理事会に係る交通費が支払われるところもあるようですが，予算規模が小さいためそれもありません。すべて手弁当で運営しています。会長が理事に命令することはありません（種々の調整としての指示や提案はあります）し，一般会員に対しても同様です。すべてのことは会の慣例と協議によって決められ，会則に則り総会や理事会といった決定機関での合意に基づいて進められていきます。その過程で理事や会員の意見は平等に尊重され，役職による上下関係で指示や命令が絶対視されることはありません。

　また，私が関わっている小学校の男性保護者で集う「おやじクラブ」では，連絡係としての代表がいますが，その人が何かの全責任を負うことはなく，みんなで話し合いながら分担を決め，子どもたちのためのイベントを企画・運営したり，運動会等の学校行事のお手伝いをしたりしています。ある組織では種々の場面で高圧的に発言し顰蹙を買っている人がいるようです。本来，そこに集う構成員同士で切磋琢磨し発言自体は平等であるはずの場でも恫喝するような発言が見られたと言います。そのような上下関係を感じさせる態度がマイナス評価を受けていることからも，ボランティア組織のメンバーの関係性は上下ではなく横並びが基本であることがわかります。

　繰り返しになりますが，このような特徴はボランティア活動には，効率優先や経済的な論理に縛られない無償性の特性があることが基盤になっています。また，自発性の特性から，参加するのもしないのも自由意志という「ゆるやかな結びつき」を誘発しやすい形態になっていることも要因でしょう。

（2）話し合いが唯一の方法

　ボランティア組織におけるメンバーの関係性が上下ではなく横並びだとすると，何かを決める際に責任者の意見や考えが大きく反映される必要性は必ずしもありません。むしろ，メンバーでの合意形成が重要だと言うことになります。そこで次に，これまでと若干重複することもありますが，ボランティア組織における合意形成のあり方について述べます。

　ボランティア組織では，その組織・団体固有の目的達成・目標到達のために，何をするかを決めなければなりません。厳密には，いつ（When），どこで（Where），誰が（Who），何を（What），なぜ（Why），どのように（How）という「５W１H」に，予算はいくらで（How much）のHを加えた「５W２H」です。これらのことを決めて活動が展開されていきます。この「決める」というのは誰が行うのでしょうか？　ボランティア組織のメンバー間には上下関係はありませんから，上意下達というわけにはいきません。横並びの関係性ですから，話し合いで決めるしかないことになります。なぜかと言うと，それしか方法がないからです。

　文部科学省初等中等局で長年にわたって特別活動（学校教育の一領域）の推進を図ってこられた杉田洋視学官は，よく講演の中で「集団で何かを決める時，その決め方は人間の歴史では２種類しかありません。殴り合いか話し合いかです。どちらにしますか？」とおっしゃいます。確かにその通りですが，成熟した社会では，話し合いが採用されなければなりません。

　話し合いとは「話し」を「合わせていく」ことですが，なぜ合わせるのかと言えば，最初からメンバーの意見や考え方が一致しているとは限らないからです。一般にボランティア組織には同じ目的をもって人々が集い，同じ目標に向かって進んでいるわけですが，それでもそのゴールに至る過程（方法）として

組織を運営する

描いているものは，違う思考や嗜好を持っているかもしれないからです。そのような考え方の違いを認めつつ，一定の方向に集約し，進めていくのが集団です。合意を作って進めていくことが求められることになります。これが合意形成です。

　合意を形成するというのは，言うのは簡単ですが，実際にはそう簡単ではありません。そのことに触れておきましょう。

　私が役員をしている日本ボランティアコーディネーター協会（JVCA）では，会員が合意して会務を進めていくための最高決定機関である会員総会（年に1回開催）を，いわゆる「シャンシャン総会」（幹部側が定めた通りの議事に誰も反対せず，議案に対する賛意を表す『拍手のシャンシャン』の連続で粛々と進行する総会）にしません。時間をたっぷり取って会員が会の運営について協議する場，会員の意見を相互に聞く場にしています。このことによって，協会では幹部側だけが決めたことを進めるのではないことを明確にしています。こうした取り組みは理想的ではありますが，逆に難しく大変な面もあります。

　合意形成の難しいところは，時間がかかることなのです。時間をたっぷり取ってと述べましたが，実際に参加した会員の意見に耳を傾け，共有する過程は時間を要します。限られた時間の中で，可能な限り多様な意見を出し合いつつ合意を作るというのは，多様な意見が出れば出るほど大変な作業になるからです。

　できるだけ多くの会員の声を会務に反映させるということは，どういう意味を持つのでしょうか？　それは民主的な集団として機能するということになります。つまり，ここでいう合意形成は「民主的な合意形成」を意味します。

（3）民主的な合意形成とは

　一部の幹部の人だけが会務のほとんどを決めて執行するのであれば，総会はシャンシャン総会で良いのかもしれません。しかし，私たちが生活する民主主義社会では，すべての人々に決定に至る過程に平等に参加・参画する権利が保障されています。集団の合意形成において，その集団の構成員は民主的なそれ

を目指して常に努力し，基本的人権を享受する責務を負っているのです。特に人々の権利を保障し，社会的課題を追究・追及したりするようなボランティア組織では，なおさらです。では，「民主的な」とは，どういう意味でしょうか？

　民主主義とは集団の構成員（メンバー）が主体となって，当該集団の運営のあり方について決定し，実行し，責任を負うものです。民主的なとは，この民主主義の考え方に則って事を進めていくという意味になります。したがって民主的な合意形成とは，集団の構成員全員が主体（実行主体・責任主体）となって，合意（話し合いの結論）を形成する（導き出す）ことです。

　横並びの関係性でつながっているボランティア組織では，まさにこの「民主的な合意形成」を重視し駆使しながら会務を集団決定し，運営されています。では，次に合意形成の具体的な方法について述べましょう。ただ，その前に民主的な合意形成を目指したものの，うまくいかなかった事例を紹介しましょう。

　ずっと企業に忠誠を誓って働いてきた男性（いわば「昭和の会社人間」と言えばわかりやすいでしょう）が，第2の人生は営利を求める企業社会ではなく，地域のボランティア組織に参加して貢献したいと思い，ボランティア組織に加入しました。ところが，メンバーから疎まれ，顰蹙を買う存在になってしまったのです。なぜでしょうか？　実はその男性は，企業人生で培ってきたこと・実践してきたことを大切にするあまり，そこでの方法（手法）から抜けきれなかったのです。その企業での会議は長くても60分，それ以上長いものは非効率的だとして避けられていました。そのため短い時間での合意形成こそが重要であると考え，メンバーの非効率的な合意形成を批判したために，ボランティア組織の中で浮いてしまったのです。企業での経験を生かそうとして頑張ったのですが，逆効果だったわけです。

　ボランティア組織の合意形成は，横並びであるがゆえに時間がかかり，同じようなことを繰り返していたり，結論が中途半端な協議になったりすることもあります。それらが最善であるとは言いませんが，集団の構成員が納得しているとすれば，その組織にとっては最善であると言えます。そのようなことを理

解しないで，企業の方法を押しつけても無意味です。否，その方法を巡って合意形成すれば良かったのですが，その男性の場合は，押しつけるような態度だったために対立してしまったのです。

　ある組織では有効で最善の方法でも，別の組織ではそうではないことがあるのです。民主的な合意形成という時には，その集団の構成員にとって納得のいく内容と方法でなければならないということでもあります。この事例から，民主的な合意形成では，どのような内容を導き出すのかだけでなく，どのような方法（決め方）を採用して合意に至るのかも重要だと言うことがわかります。

（4）民主的な合意形成の方法

　民主的な合意形成では，その内容と方法に加え，そもそもなぜそれを考えるのか，決めるのかという目的の共有も重要です。それらを含め，合意形成するための方法（過程）について説明しましょう。わかりやすくするために，あるボランティア組織で「会員数拡大のための方策を決める」という主題が出された場合を，事例として取り上げて説明していきます。

1）合意形成の主題と前提条件の確認

　まずは，何について合意形成するのかを明確にし，メンバー間で共有することが大切です。事例では，会員数の拡大の方策について意見を出し合い，決定するというタスクが与えられたという状況です。

　また，主題だけでなく，どのような条件のもとで決めるのか，議論の前提となる状況は何かについても確認しておきます。具体的には主題に関わる現状と課題について，そして，実現するための予算や人員配置，利用できる資源等は何かについてです。事例では，会員数の現状について確認するとともに，会員数を増やす方策に費やすことができる予算や人員等の制限についても確認しておきます。また，幹部だけで話し合うのか，会員の意見を聞く場を設けるのか，多様な人々や専門家から助言をもらうのか等についても同様です。せっかく協議しても，予算の裏づけがなかったり，話し合う土台となる現状認識がメンバーによって異なったりすると議論が噛合わず徒労に終わってしまいます。そう

ならないために，また机上の空論にならないように，最初の段階で話し合いの土台となる状況（前提条件）を確認し共有しておくことが重要です。

2) 合意形成の目的・目標の確認

続いて話し合いの前に大切なこととして挙げられるのは，話し合うことの目的と目標を確認し参加メンバー全員で共有することです。なぜ話し合うのか？何を目指して話し合うのか？についてです。主題の確認と同様，協議の前提となる目的と目標が共有されていないと，本質ではない枝葉の議論に終始したり，堂々巡りを繰り返したりしてしまうからです。

事例では「会員数が微減していて盛り上がりに欠けてきている。会員数を増やして活気あふれるボランティア組織にしていきたい。そこで会員数を増やす方策をみんなで考えたい」という目的が考えられます。また，目標の例としては「今日の幹部ミーティングでは効果的な方策を出し合い，最終的には3つ程度絞り込んでおく」というものが考えられるでしょう。闇雲に話し合いを始めるのではなく，何のための協議なのか，どの程度まで合意形成が必要なのかが最初から明確になっていると参加者は発言しやすいわけです。

3) 合意形成過程の確認

合意形成すべき主題の確認，前提条件の確認，協議の目的と目標が明らかになったところで，次にやっておくことは何でしょうか？それは合意形成していく過程（順序）を確認しておくことです。漠然と意見を出してもらうのではなく，先に確認した前提条件，つまりスタート地点から最終ゴールとなる目標に向かっていく道筋を考えるということです。そうすれば，多少議論が脱線しても，描いておいた軌道に戻ってくることができるからです。

第2章　学んで育つボランティア組織のメンバー

事例の場面では，どのような過程が考えられるでしょうか？　例えば，参加者各自からのアイディア出し，小グループでの検討，各グループからの発表，出てきた方策を3つに絞る作業，会員数拡大策の決定という手順が考えられるでしょう。あるいは，最初に小グループでのアイディア出しから始める過程もあるでしょう。どのような手順，過程でゴールに至るかは色々ありますので，どれを採用するのかは，与えられた時間や場所，メンバーの会務に対する関与の度合いや経験によって異なります。幹部のメンバーで計画し，参加者の承認を得て実行するのが一般的ではないでしょうか。

　ただ，意外に，この過程を決めるのに揉めることがあります。決め方の手順と過程は決定内容を左右する場合もあるからです。極端に言うと，決める手順が異なれば同じ参加者なのに違う結論になることもあり得るということです。

4）合意形成方法の確認

　続いて合意形成の方法の確認です。前述の過程の確認と一緒にやってしまうこともできます。特に意見を出す場面と集約していく場面の方法です。意見や考えを出し合って協議して決定すると言っても，実は色々なやり方があります。詳細については類書に譲りますが，単純に発言して，メモして，比較して，集約する訳ではありません。発言・発表の仕方一つとってみても，個人なのかグループなのか，口頭なのか紙に書くのか，理由も付しながらなのか，理由は後回しでよいのか，参加者1人につき1つなのか複数挙げてよいのか，など例示しただけでもこれだけ選択肢はあります。どのような方法を採用するのかは参加者の状態や人数，協議のための時間や場所等によって異なるわけですが，それらの条件に最も適した方法を採用することが求められます。

　事例では，人数が15人だとして，まず各参加者が考えるアイディアを付箋紙に書いてもらい，それをもとに5人グループで発表，理由も含めて共有することにしました。似たようなアイディアをまとめて幾つかに分類します。次に3つのグループから全体で発表してもらい，質疑応答を行います。そこで出た，似たようなアイディアをまとめ，最後にそれらを3つのアイディアに集約していく作業を行います。

もうおわかりだと思いますが，本格的に協議を始める前に，これだけのことを決めておく必要があるのです。

5) 意見の表明（発散）

さて，ようやくここから本格的な話し合い（協議）が始まります。主題に沿って意見を出し合う段階です。参加者が建設的に意見を出し合い，主体的に決定できるような配慮が求められます。例えば，なるべく多くの参加者が話すことができているか，遠慮して発言しないような雰囲気はないか，一部の人に発言が偏っていないか，目的に合致した意見が出されているか，目標に向けられた建設的な意見が述べられているか，他者と異なる意見の時は，何がどう違うのか明確に説明されているか，他者と同じような意見の時は誰の意見に近いのかが明確になっているか，協議に対して与えられた時間を意識しながら進行しているか等，沢山のことに目配りをしないといけません。

また，出された意見を可視化する工夫も求められます。それまでの意見（発言内容）が見えていると，同種・異種の意見やまだ出ていない意見が出しやすいからです。黒板，ホワイトボード，PC（パソコン）によるスクリーン映写，記録ノートなど利用する媒体も色々あります。

事例では，会員数の拡大策として「ホームページを充実させる」「会の内容をわかりやすく伝えるためのパンフレットを作成する」「会費の額を下げる」「会員一人が必ず一人呼びかける」「会の主催イベントへの参加を誘ってみる」「魅力的な活動を増やす」「会員の数を無理に増やさなくてもよいのではないか」等多様な意見が出されます。

6) 意見の整理・集約（収束）

前の段階では沢山の意見が出されました。話し合いの後半では出された意見を吟味し，比較検討し，目標となる結論を導き出すための意見集約（収束）の作業を行います。後半と書きましたが，時間的には半分ではなく半分以上を費やすことになるでしょう。なぜなら多種多様な意見を整理し，対立する意見を調整し目的に合致したものを生み出す作業は相当の時間がかかるからです。話し合いの過程の中で最も困難かつ重要な段階と言ってよいでしょう。

同じような意見が出されている時は，それほど大変ではありませんが，明らかに対立する意見が出されている時は，どのように調整するのかを考え，参加者が納得する説明で何らかの結論を導き出さないといけません。分析の視点も必要ですし妥協することも必要になります。杉田洋視学官の文献『特別活動の教育技術』(小学館，2013年) では，意見調整のパターンとして，以下の6つを挙げていますので参考になります。

① 意見Aと意見Bの両方を満たすものを探す方法
② 意見Aを中心にして，意見Bの良さを加味する方法
③ 意見AとBを合体させる方法
④ 意見AとBの発想を生かして新しいものをつくり出す方法
⑤ サラダの盛り合わせ型の方法
⑥ 優先順位をつけて妥協する方法

　どの方法を採用するのかについては，参加者全員が納得して合意を形成する必要があります。
　事例では，会員数の拡大方策を3つに絞るため，緊急の度合いが高いものから優先的に取り上げたらどうかという意見で参加者の考えが一致し (このような峻別のための指標が出されるかどうかが収束に向かう鍵になります)，「会の内容をわかりやすく伝えるためのパンフレットを作成する」「魅力的な活動を増やす」「ホームページを充実させる」の3つが採用されました。

（5）ファシリテーションという考え方
　このような合意形成の過程で重要なことは，全体を俯瞰しゴールへと導いていく役割を担う人がいるかどうかです。協議の場，会議やミーティングでは進行役や司会と呼ばれ，通常リーダーや「長」が付く人が担う役割です。ただ，ここで発揮される機能はリーダーシップやマネジメントというよりも，合意形成や話し合い，協議等を円滑に「促進する (Facilitate)」という意味合いである

ことから，ファシリテーション（Facilitation）という言葉が使われるようになってきました。そして，促進する役割の人をファシリテーター（Facilitator）と言います。

　近年，ワークショップ型（参加・協議型，意見集約型）の会議や研修等の進行役の人をファシリテーターと呼びます。ちなみに，ワークショップ（Workshop）の元々の意味はワークする場，つまり作業場・工房でしたが，ものを形づくっていく過程を，先に説明した合意形成の過程になぞらえることで，参加・協議型の学びの場（研修等）をワークショップと呼ぶようになりました。講義形式（レクチャー型：Lecture）の学びの場と対比させる形で用いられています。ワークショップは話し合い・協議，共同作業，発表等の形式を盛り込んだ場の創出です。

　再三述べているようにボランティア組織における人間関係は横並びですから，話し合いや協議の場のファシリテーションは重要です。上下関係を基盤として，上の者が決めたことを遂行するのではないため，組織に集うメンバーが主体的に関与することが求められるからです。何を促進（ファシリテート）するのかと言うと次の3点を例示的に挙げることができます。

1) 協議の場の進行・意見集約の促進

　先ほど述べたように，話し合いの過程の中で特に意見集約の段階は相当のエネルギーを使います。全体を見渡しながらまとめていく役割は必須です。

2) 話しやすい雰囲気の促進

　話し合いの内容だけでなく，協議が円滑に進行できるよう気を配る動きも重要です。環境を整えることです。例えば話しやすい机・椅子の配置にすること，部屋の雰囲気を明るくすること，適切な温度・湿度を保つこと等です。

3) 人間関係の円滑化の促進

　各参加者が主体的に協議に参加・参画することで，交流と相互理解が促進されます。すると人間関係が良好になり，ますます参加しやすい雰囲気・環境が整っていくという好循環が生まれます。

なお，ファシリテーショングラフィックというものも注目を集めています。協議の過程をホワイトボード等に可視化し，円滑に話し合いを進行するための手法です。詳細は類書を参照してください。

　実は，ファシリテーションは比較的最近になって用いられるようになった言葉ですが，学校教育ではそのような言葉を使わないまでも，以前から行われてきているものです。それは小学校等で行われるワークショップ型の授業で，児童生徒の話し合いや発表の促進役として教師が担ってきたものです。同様にファシリテーショングラフィックも，学校教育では黒板への板書技術として，学級活動などで用いられてきたものです。また教科や道徳の授業等でも，児童生徒の意見や発表を生かして進行していくタイプのものでは，この方法が同様に利用されてきました。ここにもボランティア組織の運営に関して教育界が蓄積してきた知見が使われています。最近では，ボランティア組織のみならず，上意下達の方式ではなく横並びの関係を基盤とした話し合いを重視しようという意図から，行政や企業でも用いられてきていますが，その原型は学校教育にあったのです。特に小学校の学級会は民主的な合意形成のモデルだったのです。

　本節では，民主的な合意形成がボランティア組織にとっていかに大切であるのかについて，さまざまな角度から述べました。そして，その具体的な方法についても解説しました。次節では，「双方向の学びを創る」ことについて詳しく述べることにします。これは，まさにボランティア組織に教育的視点を入れるということに他なりません。

3　双方向の学びを創る──成長していく「人」と「組織」

　1・2節では，まずボランティア組織における学びについて述べました。学びといっても教室等で習うこととは異なりボランティアだからこそ得られる利点として，価値に気づくこと，自己を生かすこと，他者と連帯すること，社会と自分を結ぶことなどがありました。そして，次にボランティア組織における民主的な合意形成について述べました。ボランティア組織の人間関係は横並び

であることから，話し合いによる合意形成が重要であることを確認しました。では，そのような特徴をもつボランティア組織の中で人が成長していくとは，どういうことなのでしょうか？　その成長に学びはどう関与しているのでしょうか？　このことについて，次では教育論からアプローチして述べていきましょう。いよいよ「ボランティア組織における双方向の学び」の本題に入っていくことになります。

（1）双方向の学びとは

　学びとは何か，ボランティア組織における学びとは何かについては既に述べました。ここでは本書のキー概念である「双方向の学び」について述べます。

　「教えることは学ぶこと」という言葉があります。教えるという行為は，自分がその内容について学んでいなければできません。この場合の学びとは，教えることの前に行われた学びです。しかし，教えることの学びは教える前だけにあるわけではありません。まさに教える行為そのものの中にも学びがあります。例えば，どのようにすればわかりやすく伝わるかを考えて教え方を変えてみるというのは，教育方法の進化という点で教える側が学んだことになります。その際考えているのは，学び手の状態ではないでしょうか？　その状態に最も適した教え方を考え，工夫し実践する。教育の営みというのは，その連続です。すると，教える側は学び手から学んでいることにもなります。特に学校教育のように多様な学び手が存在する機関では，学び手の状況を確認しながら一段一段高いレベルに引き上げていきます。状況に即した教え方を駆使するということは，学び手から学ぶ姿勢がないとできません。

　つまり教えることと学ぶことは表裏一体であって，一人ではできない営みとも言えます。「學」という字の中には「人と人との交流を表す部分」があることは既に述べました。学ぶことの本質は，他者の存在を抜きにはありえず，他者を媒介とした自己研鑽とも言えるのではないでしょうか？　「教えていながら実は教えられている」という状況，それが学びの実態です。これは，ボランティアしているつもりがされている状態になっていた，というのとよく似てい

ます。学びとボランティア,どちらも人と人との相互作用であり,双方向の営みなのです。

これまでお話ししてきたボランティア組織における学びも双方向だと言えます。そもそもボランティア組織では「教える－教えられる」という関係では必ずしもなく,横並びの関係で民主的な合意形成をしながら進んでいきます。「教えられる学び」というよりも,相互作用の中で一緒に成長・発達していく(学んでいく)関係性を構築していくということです。

他者の存在を抜きに学びがありえないとすれば,他者と自分を含めた集団のあり方が重要になってきます。他者との双方向の学び(相互作用)が起きやすいかどうかは,所属する集団の中に「学びの装置」が内蔵されているか否かに関わっているからです。ボランティア組織も集団ですから,次に集団のあり方を考えてみましょう。より良い集団とは,どのような集団を言うのでしょうか？　このことを「学びが成立するかどうか」という視点で考えていきましょう。

(2) 集団と個の関係

ただ,その前に「集団とは何か」について確認しておきましょう。集団というからには一人ではないという状況を考えますので,2人以上の人がいる状態を考えます。では,ただ複数の人々がいれば集団と言えるのでしょうか。たまたまそこに居合わせたという複数の人間を集団とは言いません。例えば,電車の同じ車両に乗っている人々(見知らぬ人も大勢いる)を集団と呼ぶでしょうか？　一般的には呼ばないのですが,呼ぶ時があります。例えば何らかの理由で電車が動かなくなってしまい30分車内に缶詰めになってしまったとします。その結果,気分が悪くなる人が出てしまいましたが,近くにいた人々が協力して介抱し,無事に降車できた時です。その人々は当該の人を保護し助けた集団になります。

つまり,何も関係性がない人々を集団と言わないのに対して,何らかの関係性(意味あるつながり)のある人々を集団と呼ぶわけです。集団を特徴づけてい

るのは、その意味あるつながりなのです（ボランティア組織は、ある共通の話題で集い、何がしかの貢献をしようとする集団ということになります）。

そうなると「つながり方」が集団の善し悪しを規定することになります。双方向の学びが成立するためには、集団の中の個人がどのように動くかだけでなく、集団を構成するメンバー相互の関係性が重要になってくるということです。また、集団の中で個人がどういう意味を持つかということにも関係してきます。そこで集団と個の関係について考えてみましょう。みなさんが所属する集団は、次のどのような状態でしょうか？

① 個人が多様な活躍の場を与えられているが、それでいて集団としての統制もとれている
② 個人が多様な活躍の場を与えられているが、その結果集団としての統制がとれておらずバラバラである
③ 個人が活躍の場をあまり与えられておらず、集団として全体のやるべきことが重視され統制されている
④ 個人が活躍の場をあまり与えられておらず、集団としても統一感がなくバラバラである

個人が生き生きと意見を表明することができるか否かという物差しと、集団としてまとまっているか否かという物差しでマトリックスを作成すると次頁の図のようになります。わかりやすくするために強弱という言葉を使うと、①は個も集団も強い、②は個が強く集団が弱い、③は個が弱く集団が強い、④は個も集団も弱い、という状態です。当然①が理想的な状態ですが、実際には難しく②や③が多いのではないでしょうか？

ボランティア組織の運営でも、このような点に着目して集団のあり方を分析してみると、組織に固有の課題が明確になってくるのではないでしょうか？

ところで、学校教育における「特別活動」という分野をご存知でしょうか。教科外の活動で、学級（ホームルーム）活動、児童会（生徒会）活動、クラブ活

第2章　学んで育つボランティア組織のメンバー

```
                    個人の活躍の場がある
                           ↑
  ②個人が多様な        │    ①個人が多様な
  活躍の場を与えられて  │    活躍の場を与えられていて、
  いるが、集団としての  │    集団としての統制も
  統制はとれておらず    │    とれている
  バラバラ            │
                     │
  ───────────────────┼─────────────────→
                     │           集団として
                     │           統制がとれている
                     │
  ④個人が活躍の場を    │    ③個人が活躍の場を
  あまり与えられておらず、│   あまり与えられていないが、
  集団としても統制は    │    集団としての統制は
  とれておらず、バラバラ │    とれている

              集団と個の関係
```

動，学校行事です。読者の皆さんも懐かしい思い出とともに多様な経験があるに違いありません。実は，この特別活動の特徴は集団であり，個と集団のあり方を体験的に学ぶ教育活動になっています。文部科学省の学習指導要領には，特別活動の目標について次のように書かれています。

「望ましい集団活動を通して，心身の調和のとれた発達と個性の伸長を図り，集団や社会の一員としてよりよい生活や人間関係を築こうとする自主的，実践的な態度を育てるとともに，人間としての生き方についての自覚を深め，自己を生かす能力を養う」(中学校学習指導要領第5章より)。

学校での体験を通して，望ましい集団とは何か，集団と個がどのような関係にあるべきかについて皆さんは経験的に学んでいるはずです。ボランティア組織の場合にも，そのような経験を生かして運営に携わるとよいのではないでしょうか？

(3) 成長する組織

　集団と個の関係に着目すると，個人が成長するのと同時に集団も成長することが理解できると思います。所属する集団の中で個人が成長するとすれば，その集団には教育的な機能（学びを促進する機能）が内在しているはずですし，その成長した個によって集団がさらに向上するという，相互に影響を与え合う関係だからです。

　では，集団が成長する，進化するとはどういうことでしょうか？　ここでは，ボランティア組織が成長するということを考えてみましょう。

　ボランティア組織には発起人がいるはずです。〇〇が必要だという思いや願いをもって組織を立ち上げた人々です。その呼びかけに応じて仲間に加わった人々もいるでしょう。初期の組織というのは，数名の発起人とそれに呼応した人々とが強い思いを持って，運営に従事しているというスタイルになります。次の段階では，始まった事業や活動に参加したり，趣旨に共鳴したりして，まるで引き寄せられるように組織に加入してくる人々がいます。活動内容が魅力的であればあるほど引き寄せる磁力は強く，一気に活動は盛り上がりを見せます。いわば発展期と言えましょう。その次の段階では，活動内容が定着し一定の成果を挙げていく時期になります。初期や発展期に比べれば爆発的な変化といったものはありませんが，着実に組織の認知度は上がり，活動も機能的に運営されていきます。いわば安定期と言えましょう。

　長い安定期を経ると，マンネリ化の嵐が渦巻き，人間関係の崩壊や活動内容・方針を巡る対立が起こる場合があります。それらを打開するために，活動内容の見直しや幹部の交代等が行われることがあります。いわば変革期です。変革がうまくいけば，新たな発展期を迎えて進化していきますが，そうでない場合は活動も沈滞化し，会員は減少するという局面を迎えます。いわば低迷期です。低迷期が終局になると，組織は解散することになりますが，そうでない場合は新しい人材が新たなビジョンを掲げて別の組織を立ち上げていきます（再び初期から始まり輪廻します）。

　あくまでも一般論ですが，このような過程を経て組織・集団は進化したり後

組織の発展過程

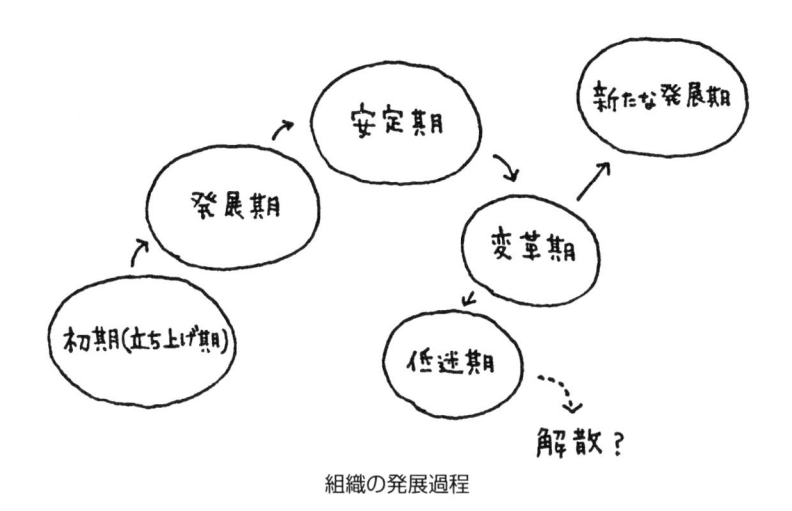

退したりしながら変容していきます。皆さんは，自分の所属する集団（組織）が，上の図の中でどのような位置にあるのか，確認してみるとよいでしょう。

　このように集団は絶えず変化し成長し，そこに所属する構成メンバー（個）も絶えず変容しています。企業経営や人材管理の部門に限らず，ボランティア組織の運営でもこのような視点をもちながら実践することが求められるのです。双方向の学びを重視する視点からは，集団・組織の成長も個の成長も，両者による双方向の学びになっていると言えます。双方向の学びは他者と自分との間で起こっているだけでなく，所属する集団と個の間でも起こっていることがわかります。

（4）コーディネーションという考え方
　前項では，集団に所属する個人がその集団の活動を通して成長することと同時に，その集団も進化・成長し，その進化した集団の中でさらに個人が生かされていくと述べました。いわば集団と個人の相互作用，双方向の学びです。集団というのは一人ではありませんから，そこには多様な他者が存在し，関係性

を作っています。集団が進化するということは集団の構成員一人ひとりが成長するとともに，構成員同士の関係も良好になっていくことを意味します。組織の運営者側がそのような学びを促進すると捉えれば，既に述べたファシリテーション（Facilitation）という言葉で説明できますが，ここでは別の言葉を使って説明してみましょう。コーディネーション（Coordination）です。

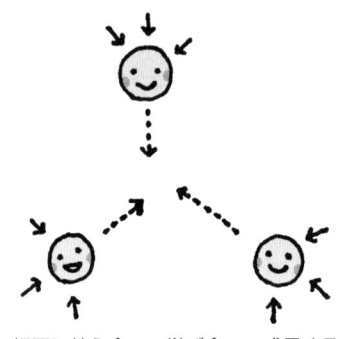

相互に教え合い，学び合って成長する

　これまで述べてきたように，ボランティア組織では，その構成員が活動することを通して組織内外の人々と相互に教え合い，学び合って成長していきます。上下関係ではなく，横並びの関係を築きながら全体の調和を図っています。そして同じ目的で集った人々が対等な立場で関わり合い活動しています。これらは，人々が相互にコーディネート（Coordinate）機能を発揮して結びついていることを表しています。

　一般にコーディネートには大きく2つの意味があります。同格にする，平等にするという意味と整合させる，調和させる，調整するという意味です。どちらも学び合いながら成長するボランティア組織で発揮されている機能です。つまり，ボランティア組織に参加する人々は，活動を通して相互にコーディネーター（Coordinator）としての役割を担っていると言えます。ただし注意が必要なのは，ここで言っているのは職能としてのボランティアコーディネーターのことではありません。あくまでも「コーディネート」という機能に関する話です。

　ボランティア自身がコーディネーターになっていると言える理由は他にもあります。職能としてのボランティアコーディネーターには語源の通りの機能の他に，人と人，人と組織など同種・異種のものを結びつけたり，ボランティア活動が展開しやすいような社会環境を開発・創造したりする機能もあります。同じようにボランティア組織では，目的を達成するために人と組織を結びつけ

たり（仲間を増やしたり），人と人とを結びつけたり（組織内の関係性を深めたり）しながら活動を展開しています。時には別のボランティア組織と共同で活動することもあります。このような「つないでいく，紡いでいく」機能とでも言うべきものも類似しているわけです。

　ボランティア組織の活動では，単に何かに貢献するということにとどまらず，自分たちの活動をコーディネートし，人と人とを結びつけ調整し，大切な価値に気づき大切にしながら進んでいると言えます。その基盤となっているのが双方向の学びです。

（5）アンドラゴジーという考え方

　教育の世界では学びのタイプには，大きく2つあると言われます。ペダゴジー（Pedagogy）とアンドラゴジー（Andragogy）です。これは成人教育の理論の話です。

　従来のような教員主導型の教育をペダゴジー（Pedagogy）と言い，これはギリシャ語の「子ども」と「指導する」にあたる語の合成語です。伝統的な教育方法はこれにあたります。教育といえば子どもの教育を指していたことから，この名称が付きました。これに対して，生涯学習の時代を迎えて成人になっても学びの機会は存在するという考え方から「成人」と「指導する」の合成語であるアンドラゴジー（Andragogy）という語が現れました。

　ペダゴジーは簡単に言えば「指導者主導的学習」です。学習過程の設計，学習目標の設定，評価等はすべて指導者の手によって行われます。学び手の過去の経験はその過程に入る余地がなく，指導者の蓄積した知識と経験が一番の価値になっています。

　一方のアンドラゴジーは「学習者主導的学習」です。学習過程の設計，学習目標の設定，評価等については，指導者と学び手相互の話し合いによる決定がなされ，学び手が主体的にかかわることが要求されます。学び手のもつ経験は，指導者の知識と同様に尊重され，学習への価値ある資源とみなされます。学び手の興味・関心に応じて内容や方法を選択することができます。

なお両者は，単に学び手の年齢による違いを表しているのではなく，教育に関する考え方や教育方法の違いによるものだとされてきました。つまり，子どもの教育でもアンドラゴジー的学習はありますし，大人でもその題材や学び手の実態によってはペダゴジー的学習もあるわけです。当然どちらが善でどちらが悪ということはありません。

　さて，前置きが長くなりましたが，ボランティア組織における学びはどちらか？　という話になりますと，アンドラゴジーが主体となっていることは明らかです。価値に気づくこと，他者から学ぶこと，社会的事象から学ぶこと，経験から学ぶこと等，すべてが学び手主体となっているからです。

　自分が主人公になって活動することで学びが深まっていく。それがボランティア組織における活動の魅力です。その学びは，学び手主体であり誰かから一方的に与えられるものではありません。これはボランティアの自発性・自主性・主体性の特性にも関係しています。自ら好んで活動に参加するからこそ自分発の気づきや発見があるのです。つまりボランティアは，ボランティアゆえに学びの主人公になれるとも言えます。

　では逆に，ボランティア組織の学びにペダゴジーが全くないかというと，そうではありません。例えば事前学習等で，活動に必要な知識やスキルを学ぶ際には，指導者や先輩から教わるという場面があります。学習方法は指導者主導になっていることも多いでしょう。となると，ボランティア組織の活動による学びは，2つのタイプの学びが混在したものであると言えます。場面ごとにどちらが適しているか選択しながら進んでいることになります。参加者がそれを意識しているわけではないと思いますが，ボランティア組織の運営に携わる人は，このような学びの特徴を理解しておくと良いでしょう。

(6)「育てる」視点の重要性

　ボランティア組織では，構成員が活動を通して学び合って成長していくと述べてきました。本章の最後に，章のまとめを兼ねて学び合いを支援する上での「育てる」視点の重要性について触れます。

第2章　学んで育つボランティア組織のメンバー

　「育」という字の上部は「子」という字が上下反対になっています。子どもが頭を下にして産まれてくる様子を表しているのです。下部は「にくづき」ですから人体を表しています。合わせて，子どもが産まれてから成長していく様子を表している漢字です。考えてみると，人は産まれてから死ぬまで成長し続けます。ある年齢から先の細胞はどんどん死んでいくそうですが，脳の発達は際限がなく学べば学ぶほど発達すると言います。学びが人の成長を促進するといっても過言ではありません。

産んで育てる

　ボランティア組織の学びは教室で学ぶようなものとは違います。他者と連帯しながら経験し自己検証しながら獲得していくタイプの学びです。学びながら成長していく，育っていく，そのような緩やかな学びです。ボランティア組織の運営者側，特にリーダー役の人には，この「育てる」という視点をもって運営に携わることをお勧めします。もっともボランティア組織の関係性は横並びの関係で考えるわけですから，正確には「育てる」というよりも，自分も含めて「育ち合う」と言った方が適切なのかもしれません。

　ではなぜ育ち合う視点が重要なのでしょうか？　本書が教育の視点でボランティア組織のことを語っているからということもありますが，教育の「育」，育てる視点をもってほしい理由は何でしょうか？　一言で言えば，ボランティア組織の構成員は，ボランティアゆえの脆弱な結びつきでつながっているからです。活動の成果を共有し，その過程で相互に共感し，楽しみ，学び合い，成長し合うことが確認できていないと，組織にとどまっている理由が見失われてしまいます。ボランティア組織は参加するのも自由ですが，やめるのも自由だからです。

　実際，私自身もボランティア組織への関与度はまちまちです。ある組織では運営の中枢にいます。別の組織では，運営側ではなく単なる一般会員として参

加しているだけです。運営面に疑問を感じて中枢から抜けたこともありますし，その逆もあります。入会したり退会したり色々です。例えば私が所属しているボランティア組織では，毎年入会者と退会者が大勢います。退会していく人にはさまざまな理由や事情がありますが，共通しているのは「ここは私の居場所ではない」と感じているということなのです。居場所がないからやめるわけです。逆に言えばボランティア組織で重要な視点は，組織内に構成員の居場所や活躍の場があるかどうかなのです。そのためには，構成員の状況を把握し，どのような関わりをしてもらうのかを見極め，支援していくことが大切になります。育てるということの本質は，このようなことです。

　ボランティア組織の運営に携わっている人にとっては，運営そのものの課題もさることながら，次の中枢を担う人をどう見出すかといった課題もあることでしょう。その意味では，次を担う人を育成すること，まさに育てる機能を発揮していくことも求められているわけです。

　そこで次章では，ボランティア組織の運営者側から見て「育てる」視点をどのように生かしていくのか，双方向の学びをどうやって創っていくのかなど，リーダーシップに関わることについて述べていくことにします。

第3章　育てることは任せること

　本書の目的はボランティア組織のあり方とその運営について，学び（教育）の視点で解説することでした。第1章ではボランティア組織とその特質について，第2章ではボランティア組織における学びとは何かについて各々述べました。いわばボランティア論と教育論の両方を概説したことになります。

　第3章では，これまでの記述をふまえて，双方向の学びを創るためのボランティア組織はどうあるべきか，リーダーは何をすべきかについて述べていきます。いよいよ本書の核心部分に入ってきたわけです。最初に楽しい活動にするためのリーダーの工夫について述べます。次に，試行錯誤を繰り返しながら進化していくボランティア組織の成功や失敗から，何をどう学んでいくのかについて述べます。続いてボランティア組織で異世代交流を進めることや次の代に継続していく際の考え方や工夫について解説します。いずれもリーダー等の運営側の視点で見ていきます。

1　楽しい活動のためのリーダーのテクニックとは？

　ボランティア組織のあり方は，労働（勤務）におけるそれとは異なるものであることを既に述べました。当然のことながら運営側・リーダーは，仕事における上司とは異なる素養が要求されることになります。共通していることもあり全く別物であるとは言いませんが，やはりボランティア組織ならではという事があるのです。そこで，本節では，ボランティア組織のリーダーのあり方について色々な角度から解説していきます。

（1）ボランティア組織のリーダーとは

　ボランティア組織の人間関係は，上下関係ではなく横並びであることを繰り返し述べてきました。そして，横並びであるがゆえの楽しさや難しさがあることも述べてきました。では，そのような特徴をもつボランティア組織におけるリーダーとは，どのような人のことを言うのでしょうか？　当然のことながら代表や長という肩書きが付いた最高責任者がリーダーです。学会の会長やNPOの代表理事（理事長），サークルの代表，自治会長等がそうです。いわゆるトップに相当する人ですが，本書では，これ以外の責任をもって運営に携わっている人も含めて考えることにします。ナンバー2にあたる副会長や副代表はもちろん，学会やNPOですと理事や常任理事，協会組織の理事や評議員と呼ばれる人々等も含まれます。会員が10人くらいの小さな組織ですと，全員が何らかの役割を持っている場合もありますが，その場合は全員です。横並びの関係で成立していますから，あり得ることです。

　ボランティア組織におけるリーダーは，その組織の目標を達成できるように運営の中枢で舵取りをし，構成員とともに民主的な合意形成をしながら活動を推進する役割を担う人のことを指します。構成員の学びを双方向に創り出して，ファシリテーターとして振る舞う時もあれば，コーディネーターの役割を担うこともあるということは既述しました。本章では，多様な観点からボランティア組織のリーダーのあり方を述べていくことにします。

（2）リーダーシップとは——PM理論から

　リーダーシップ（Leadership）とはリーダーとしてふさわしい態度や素養のことです。接尾語 ship はスポーツマンシップ，シティズンシップ，オーナーシップと同様，〇〇にふさわしい態度や素養を表すからです。

　リーダーシップの理論にはさまざまな説がありますが，私は社会心理学者の三隅二不二のPM理論を援用して説明することが多いため，本書でも三隅の説を用いて述べます。詳しく知りたい方は類書を参照してください。三隅はリーダーシップの類型として，大きく2つの機能を挙げました。P機能とM機能で

第3章　育てることは任せること

す。以下，その概要を解説します。

1) P機能（Performance 機能，課題達成機能，パパ機能）

　リーダーとして組織や集団を見渡した時にやることは沢山あります。話し合いの司会をしたり時間や出欠の管理をしたりする，いわゆる仕切ることは大きな役割です。組織にはその組織固有の目的や目標がありますので，目的達成のために，目標を目指してさまざまな活動を行うわけです。次々と課題（タスク）を達成し，進んでいきます。その課題達成に向けた取り組みの際，達成する方向づけそのものを活性化させようとするはたらき，機能が発揮されます。集団による「パフォーマンス」，つまり実績，業績，成果をあげることを促していく，これがリーダーシップの第1の機能であるP機能です。

　具体的には，役割分担をする，時間配分をする，話し合いの司会をする，決定したことを全員に効率よく伝える，話し合いの過程を板書する，目標達成への到達度を常に確認しておく，問題を分析し解決策を提示するなどです。「仕切り屋さん」と言えばわかりやすいでしょう。このような仕切る人がいないと，話し合いではゴールに行き着かないことがあるでしょうし，ダラダラと活動をしていくような雰囲気が生まれることもあるでしょう。したがって集団のリーダーシップとして無くてはならない機能と言えます。どのような組織でも課題を達成して進んでいきますから，リーダーシップとしてはこの機能だけで十分な気もします。しかし組織が集団である以上，集団としての和（輪）を考える必要があるのではないでしょうか？　そこでもう一つの機能が出てきます。

2) M機能（Maintenance 機能，集団維持機能，ママ機能）

　リーダーシップの第2の機能は，課題達成そのものではなく，その集団が集団として維持されるよう働きかける機能です。車や機械を維持するためには定期的な「メンテナンス」が大切だと言われますが，それは諸状況をチェックして，個々の部品（集団の場合は人）が円滑に動くように配慮する作業です。つまり達成すべき課題ではなく関わっている人に着目して，いい状況を生み出していく機能です。

　具体的には，居心地がよい雰囲気をつくる，話し合いの場で発言していない

人に発言を促す，発言し過ぎている人にストップをかける，重苦しい雰囲気になったときに冗談を言って場を和ませる，精神的に落ち込んでいる人に声をかける，悩みの相談に乗る，人間関係を調整するなどです。「ピエロ役」「カウンセラー役」と言えばわかりやすいでしょう。

リーダーシップのPM理論

このような場を盛り上げたり人間関係に配慮したりする人がいないと，ギスギスした雰囲気になることもあるでしょうし，集団としてまとまりのない組織になってしまうこともあるでしょう。したがって，こちらも集団のリーダーシップにとって無くてはならない機能と言えます。

3) 2つの機能を発揮するために

P機能とM機能は，集団が一定の成果をあげるためにはどちらも必要です。P機能だけが発揮されていると，課題は達成できてもメンバー間の関係が悪くなることもあるでしょう。M機能だけが発揮されていると，集団としては楽しいけれども活動がいい加減になるということもあるでしょう。2つの機能を発揮するためのリーダーシップとは，どのようなものでしょうか？　ここから先は三隅の理論を，私なりにアレンジして紹介します。

まずは，一人のリーダーが両方の機能を発揮して組織をリードしていく場合です。優れたリーダーというのは，両方を上手に使い分けながら巧みに運営しています。お見事としか言いようがありません。強力なリーダーです。

立ち上がったばかりのボランティア組織では，結構見られる形態です。学会等でも設立を構想し，発起人を集め，ビジョンを掲げて設立趣意書を書く等準備の前面に立ってリードし，設立後は初代会長としてリーダーシップを発揮するというのはよく見る光景です。自ら責任をもって組織を立ち上げ，運営もしていくというのは当然のことかもしれません。この点はボランティア組織に限

第3章　育てることは任せること

らず企業でも同じことが言えるのかもしれませんが……。

　この形態では，P機能とM機能のバランスがとれていれば問題はありませんが，唯一の欠点はワンマンになりやすい面があるということです。ボランティア組織でよくあるのは，このような強力なリーダーがずっとリーダーをしていることです。

　次に，リーダーがP機能，サブリーダーがM機能を発揮しているという形態です（1つの機能を1人で担う場合もありますし，複数の人で担っているという場合もあります）。リーダーが統率力をもって全体を仕切り，サブリーダーが人間関係に目を配っていくというタイプです。話し合いの場を例にすると，リーダーが司会をして仕切っていきます。意見を整理し，目標に向かって収束させていきます。一方，サブリーダーは全員が発言しているかどうか目配りし，発言が少ない人や遠慮していると思われる人に発言を促していき，雰囲気が悪くなった時には休憩しようと提案する等，リーダーと協力して進行していきます。言うまでもなく，リーダーとサブリーダーの相互理解と協力関係は必須です。

　もう一つは，リーダーがM機能，サブリーダーがP機能を発揮しているという形態です。リーダーは集団の和が乱れないように目配りし，実質的な仕切り（マネジメント）をサブリーダーが担っていくというタイプです。このタイプでも正副リーダーが発揮する機能のバランスが重要になってきます。

　皆さんの所属する組織では，どのような形態（タイプ）になっているでしょうか？　最後に，2つの機能を説明する時にとてもわかりやすい政治家がいますので，紹介しましょう。P機能の固まりのような首相だったのが小泉純一郎さんです。カリスマ性を発揮して人気のある内閣を維持し，数々の改革を断行しました。一方でM機能はほとんど発揮せず，自分に従わない者は出て行けという姿勢だったため相当数の政治家が自民党を去りました。その影響で自民党は下降線を辿り，やがて下野します。一方，M機能の固まりのような首相だったのが森喜朗さんです。いかにも人がいい親分肌で，小渕恵三首相の突然の死去の後で急遽選ばれて内閣を組織しました。面倒見がいいので慕う政治家や支持者が多く，一国の首相にまで登り詰めました。しかしP機能を発揮すべき政策の実施等につい

てはお粗末で支持率は10％未満に低迷，長期政権にならずに退陣しました。どのようなリーダーシップが良いのかについては，過去・現在を問わず政治家や企業家等に見本となる人々が沢山いますので参考にするとよいでしょう。

　なお，ボランティア組織の場合には構成員がボランティアであるがゆえにリーダーが考慮しないといけないことがあります。ここではその点について2つ例示しておきます。

　自発的な参加が基準のボランティアとは言っても，組織として立ち上がった以上は組織を維持していくために「やらなければならないこと」（自発的でないこと）が出てきます。リーダーとしては当然構成員に分担してもらうべく協議するのですが，誰がやるのかで揉めることがあります。私は「自発性のジレンマ」と呼んでいますが，このような状況でリーダーが悩むことがあるのもボランティア組織の特徴です。労働（勤務）なら上司が指示して進行していくのですが……。もう一つは，自発的な参加で集っているがゆえに，やる気を維持することが必要以上に求められます。このことについて次に述べます。

（3）やる気を出させる──動機づけの理論から

　ボランティア組織は自発的に集う人々によって運営されています。参加するのも自由，やめるのも自由です。そのため，やる気が維持できないと退会することになります。そこで，リーダーに求められることとして，いかにしてやる気を出させるか，それを維持していくかということがあります。ここでは，教育心理学の動機づけの理論を用いて説明していきましょう。

　動機とは人が意志を決めたり，行動を起こしたりする直接の原因のことを言います。それをつけるのが動機づけです。対比的な2つの動機づけを紹介しましょう。

1）外発的動機づけ

　動機づけは，動機をつけること（モチベーションを高めること）ですから，そのスイッチがどこにあるのかによって2つに分類できます。外発的動機づけは，スイッチが本筋の外にある場合です。学校教育を例にするとわかりやすいと思

います。「漢字のテストで満点だったらシールを1枚あげます」というように，本来学ぶ内容そのものへの興味を喚起すべきところを，別のところにスイッチを用意するタイプです。シールが欲しいから勉強するということになり，動機（やる気スイッチ）が本筋の外（シール）にあるわけです。これは「アメとムチ」のアメの方ということになります。ムチの例は「漢字のテストで半分以下の得点の人には追試を受けてもらいます」となります。追試を受けたくないから勉強するというわけです。説明をわかりやすくするためにアメとムチの例を挙げましたが，本筋とは違うところ（外側）にやる気スイッチを設けるのが外発的動機づけです。

2) 内発的動機づけ

これに対して，取り組むべき内容そのものに対する興味・関心を喚起するのが内発的動機づけです。先の例で言うと漢字そのものへの関心を持たせる工夫をして，ご褒美や罰がなくても学んでみたいと思うように仕向けることです。やる気スイッチが本筋そのもの（内部）にあるわけです。

3) 2つの動機づけをどうするのか

心理学では，外発的動機づけよりも内発的動機づけの方が成果が得られやすいという知見になっています。当然そうなるでしょう。私は両者を善悪で捉える（二項対立）のではなく，時と場合によって適切な動機づけを行うことが現実的ではないかと考えています。最初から内発的動機であれば理想的です。ボランティア組織ですから，その可能性は高いと言えます。しかし，すべての人がすべての場合でそうとは限りません。例えば，最初は外発的動機で始めた活動であっても，活動していくうちに活動そのものの面白さに気づいたり充実感をもったりしながら，やがて内発的動機に転化していくということもあってよいのではないか思うのです。

実際にボランティア活動に最初に取り組む動機で多いのは「友人・知人に誘われたから」というものです。活動の内容そのもの（内発的動機）ではないわけです。しかし活動が長続きする場合というのは，活動に参加した人が何らかの良さに気づくからです。特に初めてボランティア組織の活動に参加する場合

には，楽しそうだからといった外発的な動機であってもよいのではないでしょうか？　大切なことは，それを内発的動機に変化させる（外発的動機のスイッチをOFFにし，内発的動機のスイッチをONにする）仕組みが活動の過程に用意できるかどうかではないでしょうか？

　ボランティア組織のリーダーは参加者の満足感や充実感を確認しながら，どちらのスイッチがONになっているのか見極めていくことが求められるのです。

（4）楽しさ・面白さを創る——レクリエーション理論から

　外発的動機から内発的動機への転化は，楽しいと感じたり面白いと感じたりすること，つまり活動を通して得られる感情，例えば充実感や達成感や連帯感と関係しているのではないでしょうか？　ボランティア組織では，このような感覚を重視したらいいと思います。

　そこで，次にレクリエーション理論を用いてボランティア組織の楽しさや面白さを解明してみましょう（私はかつて東京都レクリエーション協会で4年間本格的にレクリエーションのことを学びました）。楽しさや面白さというのは，どういう場合に起こるのでしょうか？

　一つは，予想外・想定外の反応があって凄いと思う時です。驚きがあるとも言いましょうか。さすがにこの場面ではそのような行動はないだろうという時に，想像を超える反応があると驚きます。その食い違い（ギャップ）が面白さを生み出すわけです。お笑いタレントさんの芸でも，普通とは違う言い方や表現，動きがあると面白さを感じるのです。本来怖いはずのお化け屋敷がなぜ楽しいのかと言うと，予想外の恐怖によって気持ちが興奮するからです。面白いとは「面（顔の前）が白くなる（明るくなる）」という意味で，新たな発見があって感情が高ぶる様子を表しています。

　もう一つは，逆に予想通りの反応が来ると思っているところに，その通りの反応が返ってくるというような時です。特に「来るぞ，来るぞ，そろそろ来るぞ，ここで」と思っている緊張の瞬間に来た場合です。例えば，ここで絶対

第3章　育てることは任せること

「じぇじぇじぇ」と言うなとか「倍返しだ」と言うなと思った時に，事実そうなった場合に感じるはずです。水戸黄門の印籠が出る瞬間もそうです。この面白さの要因は，自己満足的な喜びを満たしてくれるからです。「自分は次の展開を知っている。さあ，そうなるぞ。やはり……」という感情の高ぶり（高揚感）が楽しさを生み出します。

一体感を感じる

　3つ目は，2つ目と自己満足的な点は似ているのですが，かつての記憶が蘇ってきた時に感じる喜びから起こる楽しさ，面白さです。例えば同窓会で，あの時はこうだったという話で盛り上げるのは当事者だけで，それを知らない人が聞いても喜びがありません。NHKの連続テレビ小説「あまちゃん」（2013年4月1日〜9月28日放送）で繰り出された1980年代の小ネタが面白いと感じたのは，それを知っている世代でしたが，記憶が蘇ってきたことと「知っている」という優越感が楽しさにつながるわけです。会話の中でも「あっ，それ聞いた。前にどこかで聞いた」という時に笑いが起こるのも同じ理由です。

　4つ目は，集団の中で全く同じ事をやって連帯感を感じる時です。お祭りで一緒に踊った後に感じる一体感や，野球やサッカーの応援で同じ歌を歌い，同じ動作をすることで感じる連帯感を想像してみてください。学校の合唱イベントでクラスの連帯感が高まるのはなぜでしょうか？　集団で一体感を感じるのは，同じ歌を歌ったり，同じ踊りをしたりする時に起こるからです。私は「同時発声，同時呼吸，同時動作」の「3つの同時」と呼んでいます。仲の良い友人を称して「息が合っている」「足並みが揃っている」と言いますが，呼吸が同じタイミングでなされ，同じ動作が繰り返されることで連帯感が生まれるのです。よく考えてみると，色々な場面で多用されています。例えば，宴会にお

ける乾杯や三本締め，スポーツチームの試合前のかけ声やハイタッチ等も3つの同時が入っていますね。

　5つ目は，何かを成し遂げて達成感や充実感を味わうことで楽しさを感じる時です。一般の場合はもちろんですが，特にボランティア組織の場合は自発的・主体的に参加する活動ですから，成果があった，達成できた，貢献できた，喜ばれたという感情が次の活動への内発的動機になります。

　以上，楽しさや面白さの要因について例示的に5つ挙げました。ボランティア組織のリーダーは，構成員が活動を通して楽しさや面白さを感じるよう常に配慮しておくと良いのではないでしょうか。

（5）悩みを受け止める──カウンセリング理論から

　ボランティア組織では，楽しいこと，面白いことばかりではありません。苦しいこと，つまらないこと，悩ましいことが起こる場合もあります。リーダーがリーダーシップのM機能を発揮していると，構成員の悩みを聞くような場面も出てきます。そこで次に，カウンセリング理論を用いて，悩みを受け止めるリーダーのあり方について述べます。ただし私はこの道の専門家ではありませんので，本格的な理論は類書を参照してください。カウンセリングの基本として「受容・共感・ラポール」の3つを挙げて説明します。

　まず受容です。悩みを受け止めるということです。カウンセリングでは解決策を急ぐあまり，よく話も聞かないで指示したり，相手の言ったことを否定して説教したりすることはありません。まずは「なるほどあなたは〇〇のことで困っていて，〇〇であってほしいと願っているのですね」と確認します。一般には相手の言ったことを復唱したり少し言葉を換えて返したりするようです。このことによって相手は「まずは私が言いたかったことが伝わった」と思ってくれるわけです。この心理的安心感は重要です。「そんなことじゃ駄目だよ」とか「〇〇っていうのは良いとはいえませんね」というように，否定的な評価を含む言葉は使いません。

　次に共感です。これは受け止めた内容に対して「そうですかあ。それは辛

かったですね」とか「よく我慢していましたね」というように，相手の気持ちに寄り添って言葉を発することです。ここでも否定的な表現は使いません。あくまでも，相手の気持ちを理解したと伝えるわけです。伝えるのは言葉だけではありません。言語・非言語のすべてです。言語面では，言葉の内容も大切ですが，言うタイミングや声のトーン・強弱等も重要になってきます。また非言語には表情，動作，視線等がありますから，丸ごと一人の人間としての感情表現になります。これらを合わせて共感的態度と言います。受容は相手が言ったことを受け止めましたというメッセージを，共感は相手が言ったことに対して感情を共有しましたというメッセージを伝えることになります。

最後にラポールです。ラポールとは心理学ではセラピストとクライアントとの間の，互いに信頼し合い，安心して感情の交流を行うことができる関係が成立している心的融和状態のことを言います。受容と共感によって，相手が心を開いて，心を許してさらに相談してもよいと思ってくれた場合には，ラポールが成立し，さらに深い内容の相談が行われるかもしれません。逆に，そもそも最初に相談してもらえるためには，ラポールが成立していることも条件になりうるということです。

ボランティア組織では，ボランティアゆえの悩みが生じることもありますから，リーダーはM機能を発揮して，構成員と日頃からラポールを築いておく必要があります。もちろん高度な相談の場合には専門家のカウンセラーに委ねる方が良い場合もあるでしょう。

2 成功と失敗から学ぶ

前節ではボランティア組織のリーダーのあり方について色々な角度から説明しました。構成員のことをいかにして把握し理解するのかがポイントでした。学び合える理想的な組織にしていくためには，相応の工夫が必要なのです。それでも労働（勤労）とは違うという理由からうまくいく時もあれば，そうでない時もあります。いわば成功と失敗の連続です。そこから何を学ぶかが次のポ

イントになります。

（1）ボランティア組織は成功と失敗の連続
　では，成功と失敗から何を学べばよいのでしょうか？
　数年前，あるボランティア組織でちょっとした課題が起こりました。構成員同士の対立が起こってしまったのです。既述したように，ボランティア組織の人間関係は，お互いに良かれと思って関わっている分，感情的な対立になりやすい側面を持っています。双方が引かないという事態になってしまいましたが，リーダー役の方の適切な処理で，事なきを得てそれ以上の大きな対立には発展しませんでした。私はほとんど役に立つことができず苦い思いをしましたが，この事態の収束で学んだことがあります。それはリーダー役の火消しの方法でした。双方の主張や気持ちをくみ取り，最もお互いにとって納得のできる道は何か，その妥協点を見出して提示したのでした。しかも自らの責任もあるとして，会議で頭を下げたのです。その態度と解決方法に双方はもちろん当事者以外の人も納得して聞き入れたのでした。見事な手綱さばきに感動すら覚えました。私は今でもその方を尊敬しています。優れたリーダーというのは，決して偉ぶらず，周りに気配りのできる人なのだと学びました。
　ボランティア組織では，このような場面が何度もあります。私自身が嵐の中にいる時もあれば，そうでない時もあります。自分が当事者となってしまった時には失敗したと後悔することも多いものです。
　また，別のボランティア組織にいる時のことです。私が提案した事業が取り上げられ，新たに活動が開始されたのです。他のスタッフも全面的に協力してくれ軌道に乗りました。準備と実行はかなり大変な作業でしたが，自分が提案した責任もあり，楽しく取り組むことができました。ボランティア組織で主体的に関わる面白さを実感した時でした。実はこの事業は提案してから実現までには何年もかかっているのですが，一貫してこの事業の実現に理解を示し，応援してくれたのは当時のリーダーの方でした。新規事業の立ち上げには色々な困難が伴います。反対意見もあれば，役割の負担増もありえます。その一つひ

第3章 育てることは任せること

とつを取り除くことができたのもリーダーのお陰でした。優れたリーダーというのは，構成員の「思いや願いやこだわり」を受け止め，実現に向けた可能性を信じてたち振る舞う人なのだと学びました。

　ボランティア組織では，良いこともあれば悪いこともあります。人間万事塞翁が馬。人生楽ありゃ苦もあるさ。成功と失敗の繰り返しですね。しかし，そこから学ぶことは多々あるものです。勤務（労働）とは違うものを学ぶことができる，だからこそ参加していて面白いのです。では，その成功と失敗から学ぶことについて，もう少し詳しく述べていきましょう。

（2）失敗から学ぶ

　先に悪いことを述べた方が読後の印象が良いのではないかと思いますので，失敗から先にいきましょう。

　ボランティア組織における失敗とは，ニーズに合った活動ができなかった時，会員相互の関係が悪化した時，会員数が減少していった時，目標が達成できなかった時などを挙げることができます。これらの状況をリーダーはどう捉えたらよいのでしょうか？

　これらはP機能とM機能のどちらかに分類されますから，どちらの機能に関係するのかによって対策も異なります。前述の例では「ニーズに合った活動ができなかった時」「目標が達成できなかった時」がP機能，「会員相互の関係が悪化した時」「会員数が減少していった時」がM機能に相当します。まずは各々の機能がうまく発揮できていたかを振り返って検証するとよいでしょう。

　P機能の場合の失敗は課題達成のための仕切りがうまくいかなかったということになります。話し合いが不調に終わって難航したとか，新たに始めた活動がうまく軌道に乗らなかったとか，当初予定していた成果が十分に達成できなかったとか，色々な種類の失敗があるでしょう。リーダーにとっては頭を抱えたくなるものです。

　ただ，ボランティア組織の場合には，仮に失敗したとしても，企業と違って大きな投資をした結果ではないという特質があります。有給スタッフを抱える

大きな NPO は異なりますが，元々，企業のように黒字になるということを企図して事業を行っているわけではないからです。そう考えるとボランティア組織における失敗というのは，少なくとも経済的な損失としての大きな穴を開けたというものではないと言えます。この点がボランティア組織の失敗の特質です。

それよりも，P機能のうち「ニーズに応えられなかった」という失敗があったとすれば猛省しなければならないでしょう。なぜなら構成員のニーズや，活動によって恩恵を受ける人々のニーズに応えるのがボランティア組織の使命だからです。活動が自己満足になっていないかどうか等，改めて活動に関わった人々で振り返りの時間をもつ必要があります。私はあるボランティア組織でニーズに合致していない事業を提案してしまったことがあります。ニーズを見極めたつもりでしたが，立ち上げのためのハードルが高く，結局実現できませんでした。見極めの甘さを反省させられるとともに，ボランティア組織におけるニーズ把握の重要性を改めて学びました。このように失敗から大いに学び，次の事業・活動のための肥やしにしていく必要性があります。

次にM機能の場合の失敗は，集団維持に関わるものだけに意外と厄介です。人間関係のこじれは結構大変であることが多いからです。第1章でも述べたようにボランティア組織の活動は自発的で無償であるため，活動そのものによる達成感や連帯感が，次の活動への動機づけになります。ただ，構成員同士は横並びの関係ゆえに，意見や考え方の相違が感情的な対立に発展しやすいと述べました。私はそのような事例を沢山知っていますし，私が当事者になることもありました。ですから，ボランティア組織では避けては通れない課題であるとも思っています。したがって，そのようなことは起こり得ることとして捉え，起こった時に調整能力を発揮できるようにリーダーは構えておくとよいのかもしれません。ただ，感情的な対立というのは，時間が経って見ると，あるいは客観的に見てみると，または冷静に分析してみると，意外に大したことではなかったと思えることもあるものです。このような失敗から大いに学び，次の活動展開に生かしていくことが求められます。

（3）成功から学ぶ

　次にボランティア組織の活動における成功から学ぶ視点について説明します。ここでは，リーダー自身の成功を生かす視点と，他のリーダーの成功から学ぶ視点とに分けて述べましょう。

　まず，自分のボランティア組織の成功を次に生かすための視点についてです。これは失敗の時と同様，P機能とM機能に分けて省察するとよいでしょう。P機能による仕切り，課題達成への過程を振り返って効果的にできた点を整理し，M機能による集団内の協力関係，連帯感，メンバー各自が感じている達成感等を確認します。

　ただし忘れてはいけないのが組織のメンバーによるフォロワーシップです。これはリーダーシップの対を成す概念で，リーダーに協力しながら活動を進めていくための態度・素養です。これがなければ組織の活動の成功はあり得ませんので。

　次に，他のリーダーの成功から学ぶ視点についてです。リーダーをしていると，自分の組織の先輩や他の組織のリーダー等，優れたリーダーに出会うことがあります。そのような人々がなぜ成功したのかを分析して，取り込めるものは参考にして運営に携わるようにしたいものです。その際，

① そのリーダーの行動や工夫・アイディアをそのまま真似て利用できそうなもの
② 自分の組織に見合う内容・方法にアレンジしてできそうなもの
③ 自分の組織に直接反映できないものの一般論として優れたリーダーだと感じたもの

に分けて考えるとよいでしょう。

　私があるボランティア組織で出会ったリーダーは，先見的な見通しをもって事業を考える人です。現状と課題を常に把握しながら軌道修正できる素養を持っています。新たな取り組みにも万全の準備をして勇気を持って臨んでいき

ます。何よりも人柄が素晴らしいため，いつも人が集まってきます。私がさまざまなボランティア組織で出会ってきた尊敬できる人は，ほとんどが年上ですが，この人は数少ない年下の人です。尊敬するという行為に年上も年下も関係ないですし，ボランティア組織では年齢のみが強調されることはないと既述しました。人柄は真似できませんが，私はこのリーダーの先見的な見通しを常にもつことを参考にしながら，やっていこうと思っています。

　ボランティア組織において失敗と成功から学ぶ視点について述べました。

　最後に，両方ともに重要なこととして「記録に残すこと」を挙げておきます。組織として残していく公式の活動記録だけでなく，リーダー自身が種々感じている所感（や自己評価）です（これはリーダーに限らず，ボランティア組織の構成員のすべてにあてはまることです）。失敗した時は正直な気持ちを吐露したり，愚痴をこぼしたりする表現でも構いません。成功した時には嬉しい気持ちや感動したことを書き留めておくだけでよいのです。単なる感情だけでなく，どのようなことをして，どうなったのかという顛末（記録）を含めて記載しておくことです。短くても構いません。大切なのは文字化することです。文字化したものを後になって見返した時に，少しでも前進した自分に出会えるはずです。また，同じ状況で悩んだ時の参考にもなります。

　私は高校2年生の時から大学卒業まで，さまざまなボランティア活動に参加しました（リーダー役も色々担いました）が，その時の所感を全て記録していました。私がボランティアの学びに着目して，それを仕事にするきっかけになったのは，この所感記録が原点なのかもしれません。

　私は，こう思うのです。ボランティア組織のリーダーの仕事は成功した時の「ありがとう」と失敗した時の「すみません」を言うこと，ただそれだけだと。構成員に対する感謝の気持ちと，何か問題が起こったときには自分の責任だと言える勇気，それがあれば何とかやっていけるものです。

（4）学びのR段階（Reflection〔振り返り〕）を創る

　成功や失敗から学ぶということは，活動後の段階が極めて重要だということ

第3章　育てることは任せること

です。そこで改めて，既述したボランティア学習の学習過程を確認してみてください。Preparation（準備学習），Action（活動体験）に続く段階が大切で，それはReflection（振り返り），Celebration（認め合い），Diffusion（発信・提言）です（53頁参照）。この3つの段階に即して成功や失敗から学ぶことを述べましょう。

　まずはR段階（Reflection〔振り返り〕）ですが，この段階ではリーダーと参加者とが活動した内容や方法について振り返って検証し分析することで，次の活動に生かすことが目的です。

　活動の成果や，今後改善すべき点について協議する場合には，失敗したことも含め共有するのですが，成功したことも積極的に評価するとよいでしょう。失敗したことやうまくいかなかった点だけを取り上げるのは一面的だからです。その際の会の名称を反省会とすると，悪かったことを挙げるというイメージがありますので推奨しません。振り返りの会，総括の会など工夫するといいでしょう。活動で良かった点も積極的に確認するのは，ボランティア組織の活動というものは，ある状況に対して貢献できたかどうか，ニーズに応えられたかどうかが重要だからという理由もあります。

　また，活動に関する個人的な感想を相互に出し合うこと（活動して気づいたことの共有）も重要です。同じ活動をした時にでも，人によって気づいたことが違う場合があるからです。それを相互に述べ合うことで，新たな発見があります。すると双方向の学びが起こります。活動したことについて多様な捉え方があるのは，ボランティア組織が関与する社会的事象が多様な価値によって構成されているからです。極端に言えば，180度異なる価値に気づくことがあるということです。

　逆のことなのですが，違う活動をしていても同じこと（価値）に気づくこともあります。同じボランティア組織の中での違う活動のこともありますし，全く別の組織の活動ということもあります。このことから，似たような活動をしている違うボランティア組織の人と交流するのも刺激が得られて良いということになります。社会福祉協議会のボランティアセンター等では，地域の多様な

ボランティア団体の交流会や連絡会を開催しているところもあります。利用するとよいでしょう。

　気づきや感想，発見や思い等の表出は，多様な方法でアウトプットすることができます。一般的には書き言葉と話し言葉に分かれます。どちらを利用するか，あるいは両方を組み合わせるかは組織の状況や参加者の実態に応じて選べば良いでしょう。書き言葉の利用としては，記録として残すほか，感想文集の作成，会報誌への掲載，ミーティングでの回覧等さまざまです。話し言葉としては，それを共有する場を設けること，つまり振り返りのワークショップを行うことも効果的です。

（5）学びのC段階（Celebration〔認め合い〕）を創る

　次の段階はC段階です。Celebration は直訳すると「お祝い」になります。なぜ「認め合い」と訳したのかというと，その意味するところが「活動が成功したことを喜び合い，相互の活躍を讃え合う」というものだからです。

　私が英国への視察で確認した中等教育学校の Celebration 段階の学びは，午後の紅茶（商品名ではなく英国の習慣としてのそれ）を利用したものでした。高校生たちがボランティア活動中にお世話になった人々を学校に招待して，紅茶を飲みながら懇談していました。活動先をコーディネートしてくれた NPO スタッフや，地域の活動先の方々にお礼を述べていました。私たちに活動の場を教えていただきありがとうございますと。一方地域の方々も高校生たちにお礼を言っていました。地域の落書きを消してくれて助かった，みんな喜んでいると。まさに「双方向の感謝」，つまり認め合いなのです。

　この段階の重要性は，第1章で述べた社会的有用感を感じることにつながるからです。しかも上記の例では高校生と地域の人々の双方が，です。

　日本の学校には午後の紅茶の習慣はありませんが，3学期の学習発表会で Celebration を取り入れている小学校がありました。前述と同じように活動先として受け入れてもらった地域の人々を学習発表会（1年間のまとめ）に招待して，発表を聞いてもらうのです。このことで双方にお礼を言うのは上記と同様です

が，さらに学習発表会ならではの良いことがありました。地域の活動受け入れ先からすれば小学生を受け入れることで，何を学んでくれたのか曖昧もしくは不明だったのです。ところが，その活動体験も含めて1年間で学んだことの発表を聞かされることで，自分たちが小学生を受け入れた意味や学校に貢献できた事実を改めて確認することができたのです。

双方向の感謝が「認め合い」

　大人のボランティア組織の場合には，これと似たようなイベントを企画することもあるでしょうが，そう難しく考えないでも既にやっていると思います。いわゆる「打ち上げ」もこれに相当するのです。打ち上げでは何をするのかと言えば，活動で得られた成果を確認するとともに，参加した全員をねぎらいます。面白かったハプニング等を語って笑い合ったり，飲食をしながら談笑したりすることもあるでしょう。このような場の共有で，次の活動への動機が高まるとともに，集団の連帯感も高まっていくのです。成功と失敗ということでは，ここではあえて成功の部分を強調して讃え合うとよいでしょう。

　この段階はボランティア組織の活動で社会的有用感を獲得する重要な段階なのです。活動して当たり前という雰囲気ではなく，ボランティア組織だからこそ，自分から参加して良かった，またみんなで頑張りましょうと言えるような空気をいかにして作るのか，これもリーダーの配慮すべき事柄です。

（6）学びのD段階（Diffusion〔発信・提言〕）を創る

　C段階はボランティア組織の活動における学びの過程で重要な意味を持つことを述べましたが，これで終わるといかにも自己満足的です。そこで，次のD段階を設けることが意味をもってきます。この段階では，活動の成果等を外部に向けて発信したり提言したりします。成功と失敗のうち，成功したことを発

信することに意味があります。

　日本人の文化的な美徳として，良いことをしても自慢しないという謙虚さを示すということがあります。もちろん，この素晴らしい風習は大切にしつつも，今や変化の激しい，短期的な評価が求められる時代ですから，成果が上がった組織はそのことを内外に示す必要があります。そのことで適切な社会的評価を受けるということです。特にNPO法人のように社会的貢献を謳って行政のお墨付きをもらっている組織は必須と言えます。

　社会的な評価（肯定的なもの）が得られた場合には，組織の構成員にとって励みになりますし，社会的有用感が得られます。次の活動への動機づけにもなります。C段階が内輪のCelebrationだったのに対して，D段階は社会に開かれたCelebrationを得るチャンスになるのです。

　具体的には，活動の成果をホームページに掲載すること，SNS（ソーシャル・ネットワーキング・サービス）に発信すること（TwitterやFacebookなどです），ボランティアセンターの活動紹介欄等に掲載してもらうこと，環境，国際協力等の分野ごとの関連する情報誌に取り上げてもらうこと，マスコミに取り上げてもらうように働きかけること，ローカルな活動の場合には地域の情報誌に掲載してもらうこと等，手段は多様です。このような外部への広報・発信は，活動内容の宣伝にもなりますので，興味をもった人が参加したいと入会希望を言ってくるかもしれません。

　提言の方は，活動で得た情報のうち，社会的に変えた方がよいと思われることを外部に向けて発信し問題提起することです。行政に向けて提案することもあるでしょう。ボランティア組織のうち，社会的課題を解決していこうという目的をもった組織では重要な事業になります。社会貢献は，単にお手伝いをす

るという奉仕的な意味にとどまらず，社会をより良い方向に変えていくための営みでもあるからです。

　発信と提言の段階を通してボランティア組織の構成員は，社会と自分を結び，仲間（他者）と自分を結び，自己のありようを考える学びが得られます。リーダーは，そのような視点に立って，構成員に助言したり支援したりすることが求められます。

（7）試行錯誤を次に生かす

　これまで述べてきたように，ボランティア組織の活動においては，さまざまな成功と失敗があります。もちろん仕事（労働）の場合でもあるわけですが，ボランティア組織（活動）ならではというものもありますので，リーダーはその特徴をよく理解しておきたいものです。無償であること，構成員の関係が横並びの関係であること等から生じる状況を正確に把握し，前節で紹介したリーダーシップ理論などを参考にしながら運営にあたるとよいでしょう。

　さて，ボランティア組織は，目的が達成できたらおしまいです。意外に見落とされがちですが，ニーズに合った活動をするのがボランティア組織ですから，新しいニーズがある場合には新しい組織を作ればよいわけです。このような点はボランティア組織が社会の状況に合わせてフレキシブルに対応できるという特質でもあったわけです（第3セクターとして）。機動性や柔軟性があるということです。

　私は，ボランティア組織に関しては，長く続いているというだけでは良い組織と言えるとは思っていません。継続することに主眼が置かれていて，ニーズに応えることや構成員のやり甲斐を生かすこと等が二の次，三の次になっている場合があるからです。

　人間関係の悪化からボランティア組織が分解される時もありますが，元々は感情的なものと言うよりも組織の目的やニーズに対する考え方が異なることが原因でそうなるということもあるのです。そう考えると，ボランティア組織が解散したり，分割したりすることは決して失敗ではなく，必然的なもの，ある

いは新たな発展に向かうための契機とも言えるわけです。

　ですから，本項の冒頭の「次に生かす」という言葉には，その組織の運営に生かすということもあれば，新たな組織を立ち上げて生かすという意味も込めています。試行錯誤というのも正確ではありません。活動の過程には，錯誤だけが繰り返されるわけではなく，成功もありますから，正確には「試行と成功と錯誤」の繰り返しです。考えてみると，私もボランティア組織でさまざまなことに挑戦し，成功した一方で沢山失敗もしました。そうした繰り返しが人を成長させてくれるのかもしれません。もちろん失敗した時に迷惑をかけた方々やお世話になった方々のお陰であることは言うまでもありません。ボランティア組織で人が育つというのは，双方向の学びなのです。

3　異世代交流の面白さと大変さ

　次に，ボランティア組織の特長とも言える「異世代交流」に焦点を合わせて，その面白さや大変さについて述べるとともに，運営に携わるリーダーが配慮すべき点について語っていきます。

（1）異世代がキーワードになる理由

　なぜボランティア組織で異世代交流が特徴になるのでしょうか？　たしかに学校教育のように，全く同じか比較的年齢の近い人々が集められている機関とは異なりますが，一般的な組織，つまり企業や行政等の勤務（労働）でも同じなのではないでしょうか？

　たしかに，仕事の場合も（職種や職業，現場によって異なるでしょうが）異年齢には違いありません。でも，ボランティア組織の場合は，それが横並びの関係で結びついているという点が特徴になります。つまり年齢による上下関係が，必ずしも関係性を決定的にしているのではないということです。もちろん仕事の場合でも，年齢が下の人が上司になることもあるでしょうし，経験年数や熟達度によっても変わってきます。しかし，それ以上にボランティア組織では，

年齢や世代という括りが，それゆえに大きな意味を持つということが判然とはしていないわけです。対等な関係で参加するのです。

　例えば，被災地支援のボランティア活動では，60歳を超える人たちと若い10代の若者たちが同じ目的に向かって汗を流すことがあります。そこには上下関係はありません。本職が会社の社長と高校生が対等な立場で活動に参加します。そこでは社長であることは関係なく，あるとすれば長い人生経験に基づいて適切に行動していく様子を若い人が学ぶということでしょう。しかし逆に若者たちのパワフルな振る舞いや，若い発想から社長が学ぶこともあるかもしれません。まさに双方向の学びの場なのです。

　私が所属しているFacebookの「あまちゃん」私設応援団グループもボランティア組織と言えますが，さまざまな年齢の人々が放送終了後も投稿して楽しんでいます。そこには上下関係があるわけではなく，対等な関係で結ばれています。ちなみに年齢だけでなく職業も経歴も居住地も性別も国籍も多様です。このようにボランティア組織の中でも趣味のグループに関しては，わかりやすい例になるのだろうと思います。

　異世代交流できることがボランティア組織の大きな魅力（特長）であると言うことが理解できたことと思います。運営に携わるリーダーは，この点を理解して種々の活動を進めていくとよいでしょう。

　これまで述べてきた町内会・自治会，マンションの住民組合，学会，趣味のサークル，一般的なボランティア・NPO団体は，すべて異年齢の人々が集い，何らかの交流をしていることになります（例外的に，参加条件を一定の年齢に限っている組織もありますが，そのような組織は本節の話からは除外対象となります。例えば私が所属するボランティア組織では，30代未満の会員を対象としてミニグループを形成していました）。そこでは，どのような異世代交流が行われているのか，その面白さや大変さは何なのか。その点を，もう少し詳しく見ていきましょう。

（2）ボランティア組織における異世代交流

　では，第1章で分類した4つに分けて，ボランティア組織の異世代交流の実

態を述べましょう。参加の形態によって交流の様態が異なるからです。改めて4つの分類を紹介すると，

　　Ⅰ種（参加条件なし）誰でも可
　　Ⅱ種（参加は年齢・資格等の条件つきのもの）学会，スポーツチームなど
　　Ⅲ種（参加は所属集団により強く促されるもの）町会，PTA，マンション住民
　　　組合など
　　Ⅳ種（制度等により限定的なもの）民生委員など

となります。

　まずⅠ種は誰でも参加できるボランティア組織です。先ほど述べたFacebookのグループのように，趣味的なグループの場合が該当するのではないかと思います。参加の条件は強いて言えば「それが好きであること」でしょうか。異世代交流が最も活発に行われる可能性があるのがⅠ種と言えます。参加するのに年齢に関する条件がないからです。10～20代から60～70代，それ以上の年齢の人々が集い，楽しみ，交流することができます。ただし，趣味と言っても会員制の組織の場合には構成員同士の関係はほとんどない場合もありますので，すべてのⅠ種のボランティア組織で異世代交流がさかんということではありません。例えば私が会員になっているあるファンクラブは，会員参加のイベントもありますが，参加していない人にとっては横のつながりはありません。どのような人が会員なのかもわかりません。ちなみに私が一人だけ知っている別の会員は私の娘です。

　Ⅱ種は年齢や資格によって参加が制限されるボランティア組織です。参加条件が年齢である場合は特定の年代しか集いませんので，異世代交流はⅠ種ほどは起こりません。ただし，18歳以上というような条件の場合には，Ⅰ種と同じような異世代交流が行われている可能性もあります。条件が資格の場合は，その資格取得自体に年齢制限がある場合を除けば，異世代交流が行われる可能性があります。例えば，日本レクリエーション協会の公認資格であるレクリエー

ション・コーディネーターを取得した人たちが，日本レクリエーション・コーディネーター会を組織して，情報・研究の交流の場として機能させています。

Ⅲ種は，ある集団に所属することで実質的に会員としての役割を期待される組織です。例えば，私が関与してきた小学校のPTAはボランティア組織で，子どもが当該学校に通っている保護者と先生方とで組織されています。保護者の世代は20代から60代まで多様です。祖父母が保護者の場合もありますから，それ以上の年齢の人が会員になっていることもあります。このことから異世代交流が行われる可能性があると言えますが，子どもが一緒の学校に通っているという状況で結びついているということを重視しますので，保護者の年齢の上下が直接PTA活動を左右することはあまりありません。

Ⅳ種は民生委員等の制度により定められたもので，参加は限定的なものです。民生委員は当該地域の住民から行政が選出しますから地域性のある組織ですが，地域のさまざまな状況を把握しているという意味合いと，児童委員も兼ねるという法律に則っていますので，子育ての経験もあるという意味合いとで，比較的上の世代（中年以降）の方が選ばれていることが多いのではないでしょうか。したがって民生委員同士の交流が異世代交流と言えるかどうかと言えば顕著に起こっているとは言えないのではないかと思われます。

以上のとおり，おおむねⅠ種とⅡ種の一部のボランティア組織においては異世代交流が活発に起こっているのではないかと思われます。次に，その異世代交流の面白い点と，逆に大変な点を各々述べていきましょう。

（3）異世代交流の面白さ

ボランティア組織には，さまざまな世代の人々が集っています。その活動を通して構成員同士が異世代交流を図っていく事には，どのような面白さがあるのでしょうか？　一言で言えば，横並びの関係でありつつ異世代だからこそ影響を与え合える（双方向の学び）ということに尽きると思います。私たちが生活している中で，同世代の交流で楽しみを見出すことは多いと思います。相互理解がしやすいからです。しかし異世代の場合は，仕事（勤労）等の上下関係に基

づく交流の場合が多いでしょうから，横並びの（つまり平等な）関係で交流すること自体が貴重と言えます。

　まず自分よりも年上の世代との交流についてですが，なんと言っても人生経験豊富な年長者から学ぶことは大きなメリットがあります。自分がこれから通っていく道を知っている先輩の方々は，今自分が置かれている状況や環境と同じことを経験しているかもしれません。同じような悩みを抱えていたかもしれません。そのような人々に耳を傾けることで，視野が広がります。これが単に上から押しつけられるのではないところが良いのです。

年長者から学ぶ異世代交流

　私が高校・大学生の時に参加したボランティア組織でリーダー役をしていた私は，思うようにいかないことを抱えていて自暴自棄になりそうな時がありました。そして，ある会合で不満を爆発させてしまったのです。その場に居合わせた先輩は，その時は何もおっしゃらなかったのですが，後になって，じっくり私の話を聞いて理解を示してくださいました。この時の先輩の言葉に私は救われ，また，ボランティア活動を続けていく勇気をもらったのです。同時に不満を爆発させた自らの態度を恥じたのでした。この先輩との対話がなければ，私は，その後ボランティア活動を続けていなかったかもしれません。

　活動で出会って交流するのは組織内の構成員だけではありません。活動を通して多様な他者から学ぶ機会があります。私は大学生の時に参加した活動で出会った福祉施設の職員さんから，大きな示唆を得たことがあります。利用者と関わる姿を拝見して感銘を受け，同時に人と関わる仕事はどうあるべきかを教えられたのです。当時，小さい頃から描いていた教員になるという夢を目指すかどうか真剣に悩んでいたのですが，この出会いによって迷いは吹き飛び，教員になる夢を叶えるべく進んでいきました。このお二人との出会いがなければ，

今，私が原点としているボランティア活動を続けることも，教員になることもなかったかもしれません。

　次に，自分よりも年下の世代との交流についてです。

　よく「今の若者は……」と口にする人々がいますが，仮に若者が不都合な状況にあったとしても，それは大人の世代が作ってきた社会状況に起因すると私は思っています。実は，いつの時代にも「今の若者は……」という声が聞こえてきますので，その若者が大人になった時に同じ事を言っているということなのでしょう。結局のところは，自分たちの若い時と違う社会状況や様態が奇異に見える（あるいはそれを不安視している）だけなのだということになります。つまり，そうぼやいている限り若い世代から学ぶ機会を失っていることになります。

　私はさまざまなボランティア組織に参加してきて，下の世代の人々から沢山のことを学んできました。第4章でインタビューをした赤澤清孝さんと川中大輔さんもそうです。素晴らしい若い人々に出会うたびに，刺激をもらって，これからの社会は大丈夫だと思い，自分も頑張らねばと思います。同世代の人々との交流だけでは得られない視点と感情です。

　自分にはないものを上の世代と下の世代から吸収して励みにすることは，異世代交流の大きな面白みです。同時に自分自身が世代間の架け橋になっているという自覚を持って，ボランティア組織の活動を活性化していきたいと私は思っています。

（4）異世代交流の大変さ

　異世代が交流する良さや面白さを先に述べましたが，実はそう簡単にいくわけではありません。そこで，次にボランティア組織の異世代交流で大変な面について，いくつかに分けてお話ししましょう。

　第1に，会話の話題が噛み合うとは限らないという点です。コミュニケーションを図る場面での雑談が成立しない時があります。例えば，NHK連続ドラマ小説「あまちゃん」では脚本家の宮藤官九郎さんが描く1980年代の小ネタ

が興味深いものでしたが，それを「知っている，懐かしい」と感じたのは私の世代であって，他の世代の人々にとっては何を言っているのかわからなかったと思われます。このように，過去においてどのような音楽を聞いて，どのようなスポーツがあって何が流行していたのか等の話題は世代ごとに固有になりがちで，共通性が見出せない場合があります。

　第2に，相互理解の難しさです。世代が異なるということは，成長過程の社会状況が異なるということであり，時代を反映した社会行動の様式や考え方が違うということだからです。10年ひと昔とはよく言ったもので，時代背景が異なる状況による相違はかなり大きな差と言えます。近年では社会の変化が激しいと言われますから10年ではなく5年，いや3年程度の差でも大きな差に感じるということがあるかもしれません。そのような差を埋める営みは「言うよりも難しい」ということになります。一方が他方に歩み寄るか，双方が差を埋める働きをするか，どちらにしても意識的に振る舞う場面が必要になってきます。

　第3に，集団内のバランスが難しいという点です。異世代の者が同じ集団内にいるという場合，年齢が均等に分布しているとは限らないからです。例えば20代の者が沢山いて，そこに50代の人が2～3名いるという状況では，20代の人々の話題が主流になり，50代の人が疎外感を感じてしまうということが起こる可能性もあります。まして1名だったら，どうでしょうか。一般的には，個人差はありますが同世代の人と会話して楽しんでいる方が居心地の良い空間になりますから，そうでない人が混在している場合でも同世代で群れてしまうか，遠慮して同世代の話題を出さないようにするというような状況になります。

　第4に，異世代交流が上下関係として顕在化しやすい場合があるという点です。構成員同士が本来横並びの関係であるはずのボランティア組織で，異世代交流が上下関係を生みやすい素地をもつ場合があります。その一つの例が次に述べる OB・OG の関与です。

（5）OB・OG の関与は要注意

　ボランティア組織における異世代交流のうち，特に注意が必要なのが OB・

第3章 育てることは任せること

OGの関与です。学生の団体のように構成員になるための条件（例：当該の現役学生であること）がある場合には，条件が適用されなくなると構成員でなくなる人が出てきます。OB・OGと呼ばれる人々が，まさにそうです。また，組織全体ではなく役員の場合にも，役職が任期満了になって以降は前会長や元代表等と呼ばれます。このような人々の「現役」への関わりは「超」が付くくらいに要注意です。というのも，この関わりについてのトラブルや感情的な対立を数多く耳にするからです。例を挙げようとすれば，枚挙に暇がありません。

　あるスポーツ学生団体では，卒業したOB・OG（社会人）が夏合宿に沢山訪れていました。この団体は，先輩の面倒見が良いということでは評価されていました。ところが体育会系団体の暗黙の了解である先輩は絶対という価値観が浸透していたために，OB・OGが訪れるたびに現役学生はそのお世話をすることに奔走することになり，本来の練習にも影響が出るようになったといいます。まさに本末転倒なのですが，そのことをOB・OGたちは全く気づかないばかりか，現役学生の対応が悪いと厳しい説諭をしたそうです。学生の方も，わざわざ夏休みに時間を作って来てくれているのだからと，遠慮して否定的な考えを言い出せなかったと言います。さすがに限界に達したのか，ある時にOB・OGの参加を制限し調整する機能をもたせたそうです。ボランティア組織の短所である「良いことをしている」という思いがあるために，ニーズに合っていないと気づかないということが如実に出た事例です。体育会系のボランティア組織は年齢による上下関係が入り込みやすい特徴をもっている点も確認しておきましょう。

　私が主宰していた大学教職課程の自主ゼミ（参加自由）は，本格的に教員を目指す学生が集い，主体的に学習内容を定め自主運営しています。ここに卒業して教員になったOB・OGが時々顔を出すことがあります。OB・OGの関わりは当然ボランタリーで，現役学生にとって良かれと思ってさまざまな助言をしてくれます。特に教員採用試験や教育実習に向けた準備等の話は参考になりますから，現役学生からも喜ばれるわけです。ところが，学生のニーズに関係なく長い助言を繰り返したり，理不尽な叱責をするようになったりすると顰

顰を買うことになります。こうなるとボランティア活動のマイナス面が顔を出してくるわけです。卒業生はかつて私が指導した者たちですから，私の責任も大いにあります。が，ボランティアとして関わるという認識をもう少し持って欲しいと思い，一昨年にOB・OGの関わりについてルールを定めました。OB・OG側としてみれば良かれと思って助言しようとしているわけですが，それがニーズに合致していないと気づきません。現役学生の方も先輩であることから遠慮して「勘弁してください」とは言えないのです。これと似たような話は，結構皆さんの周りにあるのではないでしょうか。

　私もかつて関わったボランティア組織で，「加害者」にもなり「被害者」にもなったことがあります。加害者になってしまった経験から，自分自身がそうならないように細心の注意を払っていますが，気づかないうちに後輩に迷惑をかけているということはあるかもしれません。私がどうやって加害者にならない工夫をしているかについては，第5章で詳しくお話しすることにします。

（6）異世代交流を生かす

　私の恩師である高校の先生（故人）から，私が結婚する時にいただいた色紙には，次のように書かれていました。

　　「子ども叱るな，来た道だもの。年寄り責めるな，行く道だもの」。

　これを読んだ時に，子どもと高齢者だけでなく，一般に年が上だからとか下だからということを超えて謙虚な姿勢で異世代から学べとおっしゃっているように思えました。

　第4章で紹介するNPO法人ユースビジョンの代表・赤澤清孝さんへのインタビューの中で，同会監事の水野篤夫さんの言葉として「次世代育成という言葉は良くない。君たちの出番は次であって今ではないというふうに聞こえる」というようなものがありました。この言葉にはハッとさせられました。確かに下の世代を「育成する主体」と捉えると，活躍するのは今ではないとなってし

まいます。そうではなく，一緒に活動していく，それが横並びの関係で成り立っているボランティア組織の本来のあり方だと気づかされます。

　異世代が集うボランティア組織では，上下の世代がいわゆる上下関係で結びつくのではなく，横並びの関係で「双方向の学び」が起きるような，切磋琢磨できるような環境が重要になります。年齢による上下関係を比較的絶対視している組織として代表されるのが，先にも挙げた体育会系の組織でしょうか。特に学校の部活動では先輩の言うことは絶対であり命令には従うというしきたりを持っているところがあります。

　しかし，あるボランティア組織では年齢のことを強調するような発言が出た時には違和感をもたれていたそうです。ボランティア組織で重要なのは年齢の上下ではないからです。仮にその人に力があるとしても，年齢が上だからではなく，多様な経験をしていることが要因になっていると捉えるべきでしょう。年齢の上下に関係なく多様な経験をしている人はいるからです。体育会系の組織の良いところは，挨拶をきちんとすることや目上の人への礼儀を重んじる精神を養える点があります。誤解のないように言っておきますが，ボランティア組織は横並びの関係性だから上の世代を敬わなくてよい，敬語を使わなくてもよいということではありません。むしろ逆に異世代が集うからこそ，敬語をしっかり使って先輩に対する礼儀を学べる場であるべきだと思います。

　ボランティア組織における異世代交流の意義は，異世代が集うことによる波及効果や学び合いの広がりだと言えます。本学（学習院大学）の卒業生で在学中に「田代ジャパン」というボランティア組織（対象は学生だけでなく多様な世代の参加者を募っている）を立ち上げて，東北地方の復興支援の活動を継続的に行っていた田代直樹君が次のように言っていました。「僕はボランティア活動を通じて多様な世代の人々とずっと交流してきた。だから就職活動で上の世代の人々と接することは全く苦にならず，むしろ楽しいと思うことが多かった」と。これも異世代交流の波及効果（学びの広がり）の一例です。

　本節では，ボランティア組織における異世代交流の諸相と，その意義について述べました。リーダーの皆さんは異世代の人々がうまく交流できるように配

慮し，双方向の学びの多いボランティア組織を創るよう工夫すると良いでしょう。

4　次につながるバトンタッチ
――持続可能な組織を創る

　第1セクターの行政，第2セクターの企業と同様に，第3セクターのボランティア組織においても，時が経っても世代が変わっても持続していける組織創りは重要です。特に事業や活動の継続性が求められる組織ではなおさらです。そこで，本節ではボランティア組織のリーダーが考えるべき次へのバトンタッチについて述べます。前半はバトンタッチの意義について，後半はバトンタッチにおけるリーダーの留意点について具体的に述べます。

（1）バトンタッチが少ないことのメリット

　企業でも創業者がリーダーとして組織を引っ張っていくのと同様に，ボランティア組織でも創始者がずっとリーダーをしているケースを目にします。創始者は，何と言っても「思いや願いやこだわり」（私がよく使うフレーズ）をもってその組織を創った人ですから，熱意をもったリーダーシップを発揮して事業や活動を軌道に乗せるために奮闘します。そして，そのような情熱を傾けて取り組む人はそうはいないために，長い期間リーダーを担うことが多くなるわけです。このような事例を私は沢山知っています。創始者に限らずですが，ボランティア組織のリーダーは，同じ人が長い期間担っていることが多いように思います。ボランティア組織で同じ人が，ずっとリーダーで居続けることが可能になる要因を3点挙げます。

　第1にボランティア組織は企業のように成果指標が明確ではないために，業績の悪化とともに辞任するということがないからです。ボランティア組織の運営は基本的に善意で成り立っているために，大きな問題がなければ「またお願いします」となるからです。効率優先の組織であれば，効率とその改善を管理し，無駄を排して忠実に実行できるリーダーが求められます。ボランティア組

織のように必ずしも経済効率を優先としない場合には，メンバーの和や輪を重視して和ませてくれるリーダーや，目的意識を上手に持たせてくれるリーダーが喜ばれます。規模が小さな団体ではメンバーの信頼関係や相互の善意で運営されているところもあります。そのような組織では，いい人がいれば長い期間担ってもらって全く問題ないわけです。

理想的なバトンタッチを目指す

　第2にリーダーの任期が定められていないか，定められていても重任禁止規定がないために，同じリーダーが長期間とどまることが可能な環境になっているからです。企業や行政等の一般的な組織ではリーダーに限らずすべての役職者は，その任期が定められているのが一般的です。何らかの事情により任期途中で交代する場合もありますが，基本的には任期満了で交代，もしくは再任の手続きを行います。どちらにしても，当該組織に定められた規約や会則等に定められたルールに則って行うのが大原則で，それが民主的と言えます。ただし，小さい規模のボランティア組織や，完全に運営がワンマンな組織では規約や会則自体がない場合もあります。このような組織では，何年も何十年も同じ人がリーダーをやっている場合があります。

　第3に同じ人が長くリーダーをしている方が安定的に運営しているという見方があるからです。外部の人やお付き合いのある他団体から見れば，リーダーが短期間にコロコロ変わるよりも，ある程度同じ人がリーダーをしている方が，関係性や交流に大きな変化がなく関与しやすいということがあります。リーダーが変わるたびに挨拶し直して，どのようなリーダーなのか様子を伺いながら交流するという手間が省けます。これは企業でも同じことが言えるでしょう。近年，コロコロ首相が変わる日本を，諸外国がどう見ているかを考えれば理解できるでしょう。以上の点は，同じ人が長期間リーダーをすることのメ

リットとも言えます。

(2) バトンタッチが少ないことのデメリット

　このように見てくると，同じ人がリーダーとしてなるべく長く居続けた方が良いように思えてきます。しかし，そうであるとは限りません。次の人にバトンタッチした方が良い場合も多いですし，バトンタッチそのものは組織として避けられないことだからです。そこで次に，反対にボランティア組織において同じ人が長期にわたってリーダーを担うことのデメリットについて述べます。

　第1に活動内容がマンネリ化するおそれがあります。リーダーが変わらないということは，運営の中枢部の人々が変わらないということですから，基本的に同じような考え方で会務が進んでいくことになりがちです。このことによって，毎年同じような内容をただこなすだけの組織になってしまう可能性が高くなります。もちろん同じことを淡々とこなす方が理想的だとする組織もあるでしょうから一概には言えませんが，常に社会状況を見ながら事業や活動を見直し変容していくタイプのボランティア組織では，一定の間隔でリーダーが交代して担っていく方が自然だと言えます。あるボランティア組織では，長期間にわたって同じ人がリーダーを担っているために，新しい事業をおこして活性化させようという声を生かしきれず，結局同じ活動を繰り返しているだけの組織になっています。

　第2に役割が固定することによって組織内の雰囲気が硬直化するおそれがあります。同じ人がずっとリーダーをしている組織では，活動内容だけにとどまらず，人間関係が同じパターンに陥り，硬直化してしまう可能性もあります。リーダーだけでなく運営の中枢部にいる人も変わらないと，新たに役員になる人が現れずに，関係性が同じパターンになってしまいます。その結果，いつも同じような人が集まってくるというマンネリ化が起こってしまうのです。ちなみに私の所属する日本ボランティアコーディネーター協会（JVCA）では役員の任期は2年，再任は1回まで，つまり2期連続までと定められています。私も2期連続理事を担いましたが，次の期は役員の被選挙権がありませんでした。

この規定により，新しい理事が次々に誕生し，運営が活性化しています。ただし，同じ人が1期休んで復帰することがありますので，初期の中枢メンバーがずっと中枢部で活躍しています。

　第3にチェック機能が働かなくなった場合には，民主的な運営ができなくなるおそれがあります。活動内容や人間関係がマンネリ化すると，同じような運営をすればよくなり「例年通り」というような風潮が一般化します。すると，事業報告や決算報告，事業計画案や予算案，新規事業の提案などに対するチェックがうまく働かず形骸化するおそれが出てきます。特に構成員が誰でも会務に対する意見を言うことができる総会でも，質問が出ることもなくなり，いわゆる「シャンシャン総会」(57頁参照)になってしまうわけです。総会すら行われない組織もあるのかもしれません。こうなると民主的な運営からは程遠い，運営者側にとっての組織やワンマンの組織になってしまうのです。構成員が会費を払って成り立っている組織では，その会費の使われ方を慎重にチェックし，適正に執行されているかどうかを確認しなければなりません。私たちの税金が効果的に使われているかどうか，国会や議会でチェックしていますが，これが民主主義社会の運営の王道であり，外してはいけない機能です。民主的なボランティア組織の運営を目指すのであれば，チェック機能を確実に担保することが大切です。

　第4に世代間の交流や次の世代へのバトンタッチがうまくいかなくなるおそれがあります。同じリーダーが長期間にわたって会務を担うことで，本来リーダーシップを発揮して盛り上げてくれるはずだった人が，リーダーになる期間がなくなるということがあります。ボランティア組織で同じ人が10年担った場合，単純に考えれば次のリーダー世代は10歳下になります。そうなると，そのリーダーと同じ世代の人はリーダーになることなく終わってしまいます。または，そこから先にさらに同じ世代の人が担ってしまうと，その下の世代も飛び越えて20年下の世代になる，ということになります。このようなアンバランスな状況は意外に多くのボランティア組織で散見されます。特にそのボランティア組織を作ったリーダーが，カリスマ性を発揮して運営している場合が多いで

す。秦の始皇帝のような状況と言えばわかるでしょうか。ちなみに秦では始皇帝が退任した後は下降線を辿っていきます。

　以上のように，同じ人が長期にわたってリーダーとしての任務を担うことにはデメリットもあります。このような点を踏まえて会務にあたることも必要ではないかと思います。

（3）それでもバトンタッチは避けられない

　さまざまなデメリットがあるにもかかわらず，なぜ同じ人がリーダーを担うことになるのでしょうか？　そこにはボランティア組織ならではという理由もありそうです。そこで，次にボランティア組織のリーダーの気持ちになって考えてみましょう。リーダーにとって，長く自分が担った方がよいと思う理由を挙げてみると，

　　①　他にリーダーを担う人がいない
　　②　他の構成員が「あなたしかいない」と言う
　　③　リーダーを長く続けることは名誉なことだ
　　④　リーダーをやっていると良いことがある（魅力がある）

といった理由が挙げられるのではないかと，思われます。

　列挙してみて気づくのは，長く続けることには消極的な理由と積極的な理由があることです。前者は本来バトンタッチしてもいいのだが，環境がそうさせないという状況で①と②が該当します。後者はリーダー役を担うことは何らかのメリット（旨み）があるから続けていたいという気持ちで③と④が該当します。実際には両者が絡まって「やはりあなたに」「私が」となるのでしょう。

　①については，組織の構成員の中にリーダーシップを担う人がいないという状況を指すわけで，そういう状況に置かれているボランティア組織は多いのかもしれません。しかしそれは次のリーダーを見出していない，育てていないということの裏返しとも言えます。ボランティア組織のリーダーの中には，目の

前の課題（事業・活動）をこなしていくのに精一杯で，次のリーダーのことにまで目が向かないということはあり得ます。特に自分が中心となって立ち上げた組織の初期は，自分が前面に出て引っ張っていかなければならないことも多く，次の人のことなど眼中にない状況になります。これはリーダーシップのＰ機能（79頁参照）が強く働いている状態で，逆にＭ機能が疎かになっているとも言えます。こういう状況下では，ある程度仕方のない面もありますが，実は他に担う人がいないという状況には，リーダーのあり方に原因がある場合もあるのです。

　例えば，リーダーがあまりにもワンマンで進めているために（あるいは有能すぎるために），他の人が手を出せない状況に置かれていて，リーダーシップを発揮して何かを遂行するという機会が与えられない場合です。リーダーシップを発揮する場面がないからこそ，この組織にはリーダーとしてふさわしい人がいないと見えてしまいます（特にリーダー本人には）。もっと言えば，そのような状況に置かれていると周囲の人は遠慮してしまって，自分がやるとは言い出さない雰囲気が支配します。そうなると，ますます次の人が出にくいことになってしまうのです。決してリーダーが意地悪をしているとかではないのですが，無意識のうちに（無自覚的に）このような環境が生まれることがあります。このような状況を避けるためには，リーダーは常に自分のリーダーシップのあり方を検証し続けなければなりません。また，次のリーダーを担う人が出てくるような環境を整え，任せていくことも大切なのではないでしょうか。このことについては本節の（5）で後述します。

　②の「あなたしかいない」という状況はほとんど①と同じことが言えますが，客観的に見て「確かにあなたしかいない」場合と，そうでない場合があります。前者は①と同じ状況ですから既に述べました。後者の場合は結構厄介です。これは他にリーダーを担う人がいるが，リーダー本人がやめると言わない限り交代とは言いにくいという雰囲気が支配している場合だからです。先にも述べた通り会則や規約で役員の重任禁止規定がある場合には，このようなことは起こりません。そうでないボランティア組織では，意外にこのパターンはよく見ら

れます。「首に鈴をつける」と言いますが，バトンタッチしましょうと言いにくい環境が作り出されている場合には，リーダー本人は「あなたしかいない」という言葉をその通りに受けとめて再任を選ぶのです。そうなると周囲も仕方ないと諦めて「長期政権」が続いていくのです。感情的な対立をせずに穏便に済ませていくということを優先する組織では，このようなことが起こりがちです。このような事態に陥らないためには，会則や規約を見直すのも選択肢でしょう。

　確かに大きな問題もなく活動や事業が進んでいるボランティア組織では，リーダーが交代する理由が見当たらないわけです。うまくいっているのだから，あの人に任せておこうとなります。この気持ちが長く続くことによって，次のリーダーを見出すということが二の次，三の次とされていってしまうことになるのです。

　③の長くリーダーをやっていることは名誉なことだという考え方は，リーダーとしてみれば当然のことかもしれません。「長」や「代表」という肩書きがついてさまざまな人々と交流し，やり甲斐があるからです。本人から見ればボランティア組織のリーダーについて積極的・肯定的な位置づけをしているということなのです。名誉なことならば長く続けたいと思うわけです。その一方で名誉なことならば，なぜ他の人にも味わってもらいたいという意識が働かないのかとも思ってしまいます。名誉なことゆえに他の人には譲らないというのはエゴ以外の何ものでもありません。気持ちはわかりますが，もしそのせいでボランティア組織の発展が阻害されるとすれば，マイナス効果でしかないからです。

　長く名誉な役割を担うことでどこかから表彰されるという場合には，この気持ちが働きやすいと思われます。特に日本では，長い期間同じことをしていると，中身はともかく表彰されるというしきたりがありますので，余計に助長されるのです。

　④のリーダーをやっていると良いことがある（魅力がある）というのは不思議な状況です。労働（勤労，仕事）ならわかりますが，何も見返りがなく責任

だけは大きいボランティア組織においてリーダーを長くやっていると，どのような良いことがあるのでしょうか？　どこかから報酬が受け取れるのでしょうか？　私には理解できないのですが，きっと本人にとっては良いことがあるのでしょう。そうでなければ，長くその役にとどまりたいとは思わないからです。あるいは自己犠牲的なボランティアだということでしょうか？　それなら理解はできるのですが，やはりそのことで組織の発展が阻害される可能性は考慮しないのかと問いたくなってしまいます。

　以上のように，長い期間リーダーとして続けたいという側の気持ちになって考えてみましたが，理由が消極的か，組織内の環境が不適当か，エゴかということになってしまいます。持続可能なボランティア組織を創るためには，リーダーのバトンタッチは避けて通れないのです。

（4）持続しない勇気も必要

　ボランティア組織のリーダーにはバトンタッチが必要です。持続可能な組織である限り，バトンタッチは宿命みたいなものだからです。しかし，ここでは敢えて組織が持続しない，持続させない選択肢もあるのではないかということについて述べます。

　ボランティア組織は，ある目的をもって集う集団です。同好の趣味や社会的課題等の各々の関心に応じて組織のよって立つところ，趣旨が異なります。目的や活動内容にもよりますが，目的が達成できた場合には役割を終えたということで組織は終わりを迎えます。解散です。わかりやすい例を挙げます。

　1997年1月上旬，日本海で座礁したロシアのタンカーのナホトカ号から重油が漏れ出し，季節風と潮に乗って重油は広範囲に広がりました。多くの重油が流れ着いたのは福井県の三国町でした。海は真っ黒になり，地場産業である漁業は不可能ではないかと思われました。そのことがニュース等で報道されると全国から重油回収のボランティアが集まりました。沢山のボランティアが訪れた場合，統制のとれた動きをしないと混乱するとの情報が阪神・淡路大震災の復興ボランティアの経験者から寄せられ，地元の人々はボランティアセンター

を組織します。仮説の事務所を浜に作り，各地からやってきたボランティア志願者に対して活動を割り振り，組織的な対応を行いました。浜での回収作業は柄杓で重油をすくってバケツリレー，海岸の石にこびりついた重油はゴム手袋をした手で磨き落とすという具合にボランティア活動の実務はさまざまな困難がありましたが，連帯感を持って乗り切ります。それを支えたのがボランティアセンターでした。同年3月下旬になって重油は消滅し，ボランティアセンターはその役割を終え解散します。

　災害復興系のボランティア活動には付きものの解散ですが，目的が達成できたら解散するのは当たり前です。ニーズに応えるのがボランティア活動だとすれば，そのニーズが無くなれば解散です。持続する必要はありません。

　この大原則をふまえると，災害復興系のボランティア組織でなくても，ニーズが無くなった場合，もしくは別のニーズが生じた場合には役割を終えたとして，持続しない道を選ぶのも自然なことです。後者の場合には，そのニーズに応えるために組織の目的を変えて対応するか，いったん解散して立ち上げるか，全く別の人々に委ねるか，選択肢は多様です。

　役割を終えたボランティア組織は，解散するという勇気をもつ必要があるのではないでしょうか？　継続することが目的になっているボランティア組織が散見されますが，無理して運営しているようにも見えます。ボランティア組織の特長は社会的な事象にフレキシブルに対応できることですから，状況に合わせた組織に衣替えすることも必要です。逆に無理して解散することもないのですが，ここで強調したかったのはボランティア組織では継続するだけが唯一の選択肢ではないということを，リーダーの方々に知っておいてほしいということです。

（5）任せて育てる

　バトンタッチしようにも次を担う人がいないという場合があります。しかし，それは次の人をきちんと見出していないか育てていないということの現れでもあります。では，バトンタッチする人をどのように見出すのかについて次に述

べます。

　先にも述べましたが，次の人が見当たらないという場合の多くは，リーダーシップを発揮する場面を他の人に与えていないことに起因していることが多いものです。特に長い期間リーダーを担ってきた人から見れば，知識も技能も自分よりもリーダーにふさわしい人はいないと思うのかもしれません。しかし，そう思えば思うほど，次のリーダーは見つかりません。結局自分が仕切ってしまって，誰も手を出せないから次の人が見出せなくなるという悪循環に陥ります。これを断ち切るためには「任せる」しか他に道はありません。

　では任せてどうすればいいのでしょうか？　次を担う候補となる人々にリーダー的な役割を担ってもらい，それをサポートする側にまわるというのが得策です。ここで重要なのは，任せた以上は最後まで責任もって遂行するプロセスをすべて味わってもらうということです。役割を任せた場合は多少の失敗もさせて，経験させて育てることが肝要なのです。しかし，これは意外に難しいことです。自らが有能な人ほどこれができません。よく見かけるのは，任せると言っておきながら口を出して手を出して，本人が達成感を味わうこともなく，最悪の場合は自信を失ってしまうというものです。

　そうではなく，あくまでもやらせてみて，失敗から学ばせたり成功したことを追体験させたりしながら，知識も技能・技術も向上させていくのです。うまくいった時には一緒に喜び合い，失敗した時には一緒に考えたり考えさせたりしながら，育てていく，その地道な取り組みの連続が人を成長させます。ここでは距離感とでも言うべきものが重要になってきます。絶妙の距離を保ちつつ（離れずくっつかず），時には褒め，時には叱咤激励しながら一歩一歩前進していくしかありません。

　ここまで読んでおわかりかと思いますが，ボランティア学習のプロセスと全く同じではありませんか。PARCD（準備学習 - 活動体験 - 振り返り - 認め合い - 発信・提言）サイクルです（53頁参照）。次を担う人を定め，実際にやってみさせて，うまくいった時には褒め，失敗した時には改善のための道筋を考えさせ，○○さんはいいぞと周囲に発信する。その過程で次を担う人が学び合い，知識

や技能を獲得していきます。このような過程を繰り返すと，次のリーダーが誰かは自明となり，現リーダーの引き際がやってきます。

　ちなみに，私が見る限り，自分が実行すること（主体的に動くこと）の面白さが根幹にあるボランティア組織では，他の人に任せることが下手な人が多いように思います。これまで述べてきたように，主体的に動く方がボランティア組織では充実感が沢山得られるからです。ボランティア組織では教育的機能が発揮されず，同じ人がリーダーを担ってしまう要因はこの点にもあると思っています。1939年に連合艦隊司令長官に就任した山本五十六の有名な言葉に次のようなものがあります。

　　「やってみせ，言って聞かせて，させてみて，ほめてやらねば，人は動かじ」。
　　「話し合い，耳を傾け，承認し，任せてやらねば，人は育たず」。
　　「やっている，姿を感謝で見守って，信頼せねば，人は実らず」。

　この言葉に従えば，優れたリーダーというのは，自らがリーダーシップを発揮しつつ，次のリーダーを育てることに長けた人（教育的視点をもった人）を言うのではないでしょうか？　ボランティア組織においてもそうであると思います。

　本書は，教育の視点でボランティア組織のあり方を述べてきました。ようやく私が最も本書で伝えたかったことを言う時が来ました。人は必要とされて成長します。ボランティア活動による学びは，誰かや社会の役に立つことで得られるのです。ボランティア組織のリーダーは，そのような特長を熟知しながらメンバーの学びを促進できる人です。次のリーダーを見出して育てる際も，任せてみて「必要とされるリーダーになること」を感じさせることが重要です。そうすれば，持続可能な組織としてバトンタッチできる強力なボランティア組織になります。

　では，理想的なリーダーはどのようにボランティア組織を束ねているのか，その具体的な実践事例を次の第4章で紹介することにします。

第4章　インタビュー　魅力的なリーダーから学ぶ

　ボランティア組織の理想的なリーダーとは，どのような人のことを言うのでしょうか？　どのような実践を積み重ねているのでしょうか？　本章では，これまで述べてきたボランティア組織のリーダーのあり方を体現している3人のリーダーに登場してもらいます。いずれも私がボランティア組織の活動で出会った素晴らしい方々です。2013年10月に連続インタビューを試みました。

1　若者の力を引き出すテクニック——赤澤清孝さん（ユースビジョン代表）

> **― 赤澤清孝さん（ユースビジョン代表）―**
>
> 　1974年兵庫県伊丹市生まれ。立命館大学経営学部卒業，大学院政策科学研究科修了。1995年，阪神・淡路大震災に遭遇。学生や若者によるボランティア活動の意義や可能性を感じ，翌年，学生有志できょうと学生ボランティアセンター（現・ユースビジョン）を設立し，代表に就任。学生のボランティア活動支援や，施設・NPOへのボランティア受け入れ支援，全国にある大学ボランティアセンターのスタッフ研修事業などに取り組んでいる。
>
> 　東日本大震災では，NPOの専門性を活かして被災者，被災地を支援する「被災者をNPOとつないで支える合同プロジェクト（つなプロ）」，全国の大学と連携して岩手県沿岸市町に学生のボランティアを送り出す「いわてGINGA-NETプロジェクト」で事務局長を務めた。2012年からは，宮城県石巻市，南三陸町，気仙沼市にて，震災後の復興・まちづくりに取り組む起業家の支援を続けている。
>
> 　NPO法人ユースビジョンウェブサイト：http://www.youthvision.jp

赤澤さんは京都を拠点にして全国で幅広く活躍中。日本ボランティアコーディネーター協会の理事も一緒に務めています。未来を切り拓くための想像力と，ビジョンを掲げて着実に実行していく創造力をもった素晴らしいリーダーです。

特に，若い人の（すみません，ご自身も若いのですが）力を上手に引き出して，魅力的な活動を展開されているところが凄いと思っていました。そこで，その赤澤さんのボランティア組織の運営に関わる原点は学生時代にあるのではないかと思い，前半はご自身の学生時代を語ってもらうように質問してみました（2013年10月25日〔@ユースビジョン事務所〕）。

（1）学食の改善が原点

長沼豊（以下，長沼）：ユースビジョンという組織の代表をされているのですね。どういう思いで立ち上げたのかについて，その前身の学生ボランティアセンターの頃から聞かせてください。

赤澤清孝（以下，赤澤）：学生ボランティアセンターを創ったのは，直接のきっかけは阪神・淡路大震災なのですが，実はそれより少し前，大学生としての個人的な状況に関係しています。僕は兵庫県の伊丹市で生まれて，中学は地元，高校は大阪の私立に行って大学は京都の立命館大学に通いました。大学は皆が行くものだというのがあったので，あまり考えずに推薦で立命館大学に入学しました。だから将来何かになるために大学行って勉強するとか，大学行って何したいとかあまりなくて，とりあえず大学生になることが決まったというのがありました。入学した直後，大学生協の新入生歓迎イベントがあって，大学生の人たちが大学生活とか学校の授業の事とか色々な事を教えてくれたのです。この人たちに付いて行ったら楽しいのではないかと思い，軽い気持ちで入りました。そこはイベントサークルとかではなくて，大学生協の学生委員会で，大学生が過ごしやすいように，自分たちで自分たちの必要なサービスみたいなものをやっていこうというような団体でした。

長沼：それは学生のためのボランティアとも言えますよね。相互の。

第4章 インタビュー 魅力的なリーダーから学ぶ

赤澤：そうですね。今考えるとボランティア活動に近かったですね。自治会等は学生から要求を聞き取って，大学に設備を付けろとか学費を安くしろみたいな感じのいわゆる住民運動とか市民運動みたいな感じでしたが，大学生協は自分たちが課題だと思っていた事の改善を自分たちで仲間を増やしながらやっていくという活動だったのです。それが多分僕自身の学生の，若者の活動の原点みたいなものとしてあるのだと思います。

印象深い取り組みは沢山あるのですが，自分の中で特に大きかったなというのを紹介します。大学に入った直後のことですが，生協が学生からアンケートをとってみると，「食堂が混んでいる」というのがすごく多かったのです。それで，どうするかという話し合いをした時に，普通の学生の立場で考えると「嫌だなって思って文句を言う」「混んでいる食堂には行かない」という2つの選択肢しかない。文句を言わずに選ぶしか無い。でも話し合いの中で，混んでいる原因は何だろう？　となり，それは新入生の学生が多いので，大学の周りに沢山食べるお店とかもあるのですが，知らないのが問題なのではないか，原因なのではないかと。あとは席取りする人が荷物置いていて，座れなくて立ったままなのではないかとか。あとはレジ出てからの机の並びがレジに対して垂直に並んでいるので，人の流れがスムーズじゃない。だから机の並びを縦から横に変えたりしたら良いのではないか。プリペイドカードで精算できる仕組みがあるのに，現金精算するとレジが混む。でも1年生はそれを知らないからプリペイドカードにした方がスムーズだよと呼びかけるのが足りないのではないかとか。そういう意見が色々出て，実際，皆でやれることからやっていこうというので，机の並び替えをしたりプリペイドカード使えますよと宣伝したり，大学のまわりのお店のマップを作ったり，そういうのをやったのです。

大学に入るまでは，勉強でも教えられる側ですし，物も買う側ですし，どちらかというと与えられたものを選んだりとか受けたりする側の立場で，あまりプロデュースする側にいなかったし，そういう目線で物事を見ていたのですが，そこから割と見方が変わりましたね。自分たちで何か作るようになると，例えばアンケートを作るとなった時に，ファミレスに行ったらお客様アンケートを

見て，どんな質問しているのかなと。電車の吊り広告を見ながら，この色のバランス良いなとか，そういうふうにどんどん変わっていきました。

長沼：そこで視点が変わったのでしょうね。

赤澤：それまでは問題があったら駄目だなと，不満に思うだけだったのですが，だんだんこれをもっと良くするにはどうしたら良いかな？　というような視点の変化があって。これはボランティア活動のマインドとかそういうのに結構近いのではないかなって思いますね。他人事にできることも沢山あるかもしれないけれど，そういうことが気になったり自分だったらどうすればよいかを考えたり。そういう感覚が結構そのときありましたね。僕の時代に立命館大学も別のキャンパスに移転するのですが，その時も同じように，引っ越した後に新生活で困っていることはないかというアンケートをとりました。元々，工場しかなかったところに突然学生マンションが作られたので，自転車が安全に乗れる道路ではなかったし，街灯があまり無かった。

長沼：それはまた危ないですよね。

赤澤：そう。すごい段差でこけて大変な目に遭ったという人が結構たくさん出て来て。そこで食堂の前にポスター作ってね，地図描いて危険だと思った所に黄色とか赤とかシール貼って下さいっていう「シール投票」をしたのです。そうしたら色々な人が参加してくれました。大学生協がその出発点になったのですが，自治会とか大学の教職員の組合とかそういうオフィシャルな組織も，だんだんこれ大事なことなのではないかと気づいてくれて，最後は皆で署名とって草津市に持っていって，街灯を付けてもらったのです。そういう取り組みをした時に，学生でも1人の，数人の思いつきからこうやって色々な人を巻き込んで，地域とか世の中とかが変わるのだっていう，そういう経験をさせてもらったのです。それは1，2年生の頃です。

長沼：まだ阪神・淡路大震災の前ですね。私は赤澤さんのボランティア活動の原点は震災だと思っていたのですが，その前に原点があったのですね。

赤澤：そうですね。原点でした。あとは並行して病院の夜間当直のアルバイトというのをしていたのです。それも先輩から後輩に引き継がれるアルバイト

で，結構厳しいものでした。困った人から電話がかかってくる応対だったり，お亡くなりになった人を先生と一緒に確認にいったり結構大変でしたけれども，そこで世の中の色々な縮図を見たというのもありましたね。

長沼：病院ですと，色々なことがありますものね。

赤澤：そうですね。生活保護の世帯の人たちと会ったり，老老介護の現場と出会ったり，ただ寂しくて電話してくるおばあちゃんとかもいたり。僕は経営学部で経営とか経済とかを勉強していたのですが，大学の授業だとマネジメントをする側とか増えすぎた医療費の問題をどうするかとかみたいな話が出てきていました。病院で働いている間に医療制度が変わって自己負担が増えたのですが，その前は用もないのに来ている人いっぱいいるなとか思っていましたが，制度が変わって来る人が減ったのを見て，あの人たちはどこに行っているのだろう？　とか，毎日来ていたおばあちゃんたちはどこで過ごしているのだろう？　とか思いました。なんで来ているのか聞いてみたら，息子と同居しているけど息子が会社に行くと嫁にいじめられるとか，家にはいづらいから出て来たとか。逆もあって，自分が家にいると嫁さんが自由にできないから出て行った方が良いのでとか，色々な人がいて。多分，大学で勉強していると医療費削減されて良かったということしかわからないけれど，地域とか社会とか，自分が将来卒業して社会人になる時に，そういう場で何が起こっているか，どんなことが起こるのかっていうのを見ながら，感じながら大学で勉強するっていうのは大事なことなのではないかというのを思っていて，それが震災前史なのですよ。

長沼：すごいですね。それってサービスラーニングじゃないですか。それを学生の時の赤澤さんが考えていたというわけですね。

（2）阪神・淡路大震災で大きく変わる

赤澤：そういう機会を偶然に与えられたっていうことなのですよね。で，そういうのをしている後に阪神・淡路大震災が起こるわけです。

長沼：そこから大きく変わっていくわけですか？

赤澤：そうですね。大学生協の活動とか病院でのアルバイトっていうのは，本当にたまたまで，自分はすごく良かったと思っていますが，皆にとってそういうものが求められているのかとかいうのはまた全然違う話ですよね。イベントやっても参加者が沢山来るわけじゃないから，興味ある人ばかりではないなとか思っていたのです。震災の2日前，伊丹市に成人式のために帰省していたのです。1月15日の成人式で，皆と飲みにいったりして，また今度いつ会うかわからないね，なんて言いながら翌日阪急伊丹駅で別れました。大学は試験期間中だったので，帰ってレポートとか宿題やらなきゃと思いコタツに入って寝ていたら地震が起こりました。阪神・淡路大震災までそんなに大きい地震というのを経験してなかったので，びっくりしました。

長沼：関西はそうですよね。

赤澤：京都でも震度5あって，結構長く揺れが続いたのです。すぐに実家から電話がかかってきて大丈夫かって聞くから，まあこっちは大丈夫だって言って，後からテレビで兵庫県が震源と聞いて逆に「うち大丈夫かな？」って思って，もう一回電話したらずっと繋がらない。しばらくしたら阪急伊丹駅が全部倒壊して無くなったって言うし。結局その日の夜中に電話がかかってきて，実家は大丈夫だっていうことで。帰って色々手伝った方が良いかなと思ったのですが，今は大変だから帰ってくるなと。水も流れないし，京都にいた方が生活しやすいし，勉強もあると思うし，帰ってこなくていいって言われたのです。

長沼：そうですか。

赤澤：だから改めて気づいたのですが，僕は神戸にボランティアに行っていないのです。来なくて良いって言われたので。間接的にちょっと被災者だったのですよ。また，当時あまりボランティアっていう言葉もほとんど聞いた事無かったというか。心の優しい子が困っている子や高齢者のために何か活動するっていうのがボランティアで，清く正しく美しくみたいな世界で，大学生協の活動とボランティア活動っていうのは別の次元のものと考えていました。

長沼：ボランティアしているとは思っていなかったのですね。

赤澤：そうです。震災があって大学生の自分の知り合いでボランティアす

るっていうのが出て来たり，大学の中にもボランティアするグループが生まれたりしていましたけれど。僕の場合は，僕が大学に入る時にやってもらった新入生歓迎イベントとか新入生向けに入学おめでとうの冊子を作っている真っ最中だったから，それはそれでやらなきゃと思っていました。被災して神戸から京都に引っ越して来る学生がいるから，そういう人を温かく迎える準備をしようとか。現地に行って活動することに対しては，自分の家も被災しているから感覚的にちょっと違和感もあったと思います。よその人を応援しにいくのが，見知らぬ他人を応援するのが，ボランティア活動だと思っていましたから。

　長沼：ボランティアというよりも，大学生協の活動をしっかりやろうと？

　赤澤：そうです。大学生協として，芦屋にボランティアセンターを創ることになったので，学生に周知することを始めました。また，当時大学生協の学生の委員長だったこともあり，大学内にできた学生主体の震災ボランティアセンターで活動する学生たちと情報交換のために会うようになったのです。

　長沼：そこで，段々ボランティアの方に赤澤さんの目が向くようになるのですね？

　赤澤：そうですね。そこで接点が生まれて。阪神・淡路大震災のボランティアでは泥かきはあまり無かったのですけれど，瓦礫の撤去とか，物資の仕分けとかに行った学生が多かったです。3月末には仮設住宅もでき始めました。当時は，避難所から仮設住宅に移ったら，もうボランティアがいなくても大丈夫じゃないかと思われていた頃だったと思います。

　学生も4月から新年度の授業が始まってボランティア活動は3月末にいったん終了するのです。僕が，関心を持ったのは，むしろ4月になって学生が活動から帰って来てからです。今までカラオケやボーリングで遊んでいた学生たちがボランティアに行ってきて，なんかすごく変わっていた。大学と家とアルバイト先の往復だったような学生がボランティアに行って色々な人たちと出会って刺激を受けて帰ってきてすごく変わった人もいた。

　長沼：それは4月に入ってから？

　赤澤：そうです。震災以外でも一緒にイベントやろうとか，環境問題を考え

る学生のグループがあるから参加してみようとか。震災前の学生の多くは，そのような活動を少し引いて見ていたのですが変わったなと。そういえば病院でアルバイトしている時，壁に「ボランティア募集」とか貼ってあったなと思い出したりしました。地域に学生がもっと必要とされていることがあるのではないかと，おぼろげながら感じていました。

　その後，地域の人たちと色々話す機会があって，学生向けのボランティアセンターみたいなものがあったら，もっと沢山参加するのではないかと思ったのです。その時はまだサービスラーニングとか当然ないですし，インターンシップすら始まってない時だから，学生がまだ地域の人たちと出会えるパターンというのはアルバイトを除くと，ボランティアしかないと思いました。学生が地域の人々と繋がるために，ボランティアっていうのはすごく良い立場だと気づきました。そして，もっと色々な学生が面白い事に参加できるようにしたいなと思ってボランティアセンターを創ろうと思いました。当時，大学生協の活動は半分引退していたので，引退していた人たちと一緒に始めたのが「きょうと学生ボランティアセンター」でした。

　長沼：1996年のことですね。

　赤澤：はい。大学も震災の後の活動を引き継いで学内組織として，ボランティアセンターみたいなものを創ろうとなっていたようですが，実現まで遠いだろうなと思いました。色々手続きを踏まないといけない。その時に感覚的に，こういうやり方をしていると自分が学生の時にはできないだろうと思いました。そこで独自に作ったわけです。4年生の4月から準備を始めて，10月に設立する事にしました。地域の生協のお店の空いているスペースを活用させてもらって，自分たちのスペースを作りました。

　長沼：大学の近所に事務所を借りて設立したのですね。どういうメンバーだったのですか？　違う大学の人ですか？　それとも同じ大学の人ですか？

　赤澤：中心は同じ立命館大学で大学生協の活動をしていた同期とか後輩とか数人でした。

　長沼：その後，他の大学の人たちも入ってきた？

赤澤：そうです。京都は大学が狭い地域内に沢山あるし，地域の人にとってみれば別にどこの大学でも構わないし，他の大学と知り合いをつくる良い機会にもなるから。むしろ大学の外で会った方が良いのではないかと思ったのです。夜遅くまでやっていても怒られないし。

長沼：活動としては震災以外の活動を始めるのでしょう？

赤澤：自分たちが住み暮らす地域の身近な課題があって，そこに行ってお手伝いしようというものとして始めたいと思っていたのです。その他，1997年に日本海重油流出事故がありましたよね。そういうところにボランティアで来てくれないかっていうので，そういう情報の発信もしました。当時はまだインターネットが普及していなくて。

長沼：そうですね。1997年ですものね。

赤澤：学生に情報を伝えるというと今風にいうとフリーペーパーしかなかったのですね。ボランティア・アルバイト情報誌みたいなものが沢山あったのですけど，そういう感覚でどこの地域のどんな活動がいつ，どこでやっているかというような情報を編集して伝えると学生にとって身近に参加しやすいのではないかと思いました。情報誌を毎月作るというものから始まったのです。また，情報誌だけでは初めての人も難しいからという理由で，ガイダンスも始めました。もう少しうまくやる方法はないかと考えていたら，大阪ボランティア協会の夏のボランティア体験プログラムが参考になりました。夏休みにまとめてやろうと呼びかけて説明会をやって，受け入れ団体の人にも来てもらってしゃべってもらおうという企画でした。毎年夏だけで100人以上来ていました。

長沼：参加者100人以上で，そのコーディネーションをしていたのですね。

赤澤：そうですね。2000年には場所を別のところに移してNPO法人格をとりました。それまでは学生団体だったのですが，学生だけで運営していくのは色々難しいということが出てきました。ボランティア活動先も学生受け入れに慣れているところばかりではないので，もっと学生が活動しやすい環境作りをやらなければということになりました。そこからボランティアコーディネーションとかボランティアマネジメントっていうのがあると知って，勉強を始め

ました。

　長沼：2000年に赤澤さんが大学院を修了されて，社会に出て，団体もNPO法人格を取得したのですね。

（3）ユースビジョンの誕生

　赤澤：そうですね。「特定非営利法人きょうと学生ボランティアセンター」が立ち上がりました。そのあと活動を続けていくうちに，京都の各大学の中にボランティアセンターができてくるのですが，その設立のお手伝いをしたのです。龍谷大学，佛教大学，立命館大学等です。あとは2003年には京都市の市民活動総合センターができました。その設立の準備の会合にも加わっていたのですが，京都市が公募し，きょうとNPOセンターが運営することになるのです。それで，ボランティア・NPOの事をわかっている人が集まって立ち上げを進めないといけないという話になって，2003年から僕はNPOセンターに移って市民活動総合センターで副センター長を務めました。

　その頃になるとインターネットも普及してきたというのもあって，学生が情報を入手するのも楽になってきていて，初期の頃のきっかけづくりも，独自にやる必要性が薄れてきました。また，2003年から2005年は，僕も京都市のセンターの立ち上げにかかりきりになっていました。他のメンバーも，各々の母校の大学ボランティアセンターの設立スタッフになっていったのです。

　長沼：その後，どうなっていくのですか？

　赤澤：大学にボランティアセンターができてきているけれども，もっとそれを横で繋いだら，さらに全国に若者ボランティアが広がっていくのではないかという話をしました。また，京都では若者が社会に参加したり，役割発揮したりということをより追求したい。そこで，団体のポジションを変えようということになってNPOへのインターンシップ，若者のソーシャルビジネス立ち上げ支援を始めました。また，学生時代にボランティアした人たちがNPOでスタッフになる例も増えていました。

　2003年くらいから，スタッフのネットワークづくりとか育成みたいなものも

非常に大事だろうという話になりました。フォローアップもしないといけない。そうすると，団体の活動範囲はもう京都だけでもないし，学生でもないし，ボランティアでもないから，じゃあ何が良いかという話になり，色々議論して団体名を「ユースビジョン」という名称にしたのが2005年でした。以来，ユースビジョンは学生へのボランティア活動紹介はしないで，少数だけども NPO セクターで働きたいという人のためにインターンをやったり就活フェアみたいなのをやったり，あとは単独ではないのですが若者のソーシャルビジネスのプランコンペみたいなのをやったりというような，狭く深くという部分に力を入れました。またそれに加え，全国の大学ボランティアセンターをつなげるという仕事へと移っていったのです。

大学ボランティアセンター学生スタッフセミナーにて

長沼：その時に，私が全国の大学ボランティアセンターのリソースセンターに関わったのですよね。その後，学生スタッフ向けと教職員向けのセミナーを各々開催していくのですね？

赤澤：そうですね。2002年に1回，その後2006年に実施して以降は毎年やっています。

長沼：本学（学習院大学）の学生も参加しましたけれど，全国から沢山の学生たち，教職員がセミナーに参加していますね。どのくらい集まったのですか？

赤澤：全国から30～40くらいの大学から50～60人くらい来ていました。

長沼：広がってきましたね。若い人向けにさまざまなイベントや事業を展開する中で，ちょっと難しいなと思うことはありますか？

赤澤：大学の正規授業で本格的にインターンシップが始まったり，就職活動の支援が本格化したり，授業もちゃんと出ようというようになったり，経済状況が厳しくなって下宿する人が少なくなってきたりしている。そういうことか

大学ボランティアセンター学生スタッフセミナーにて

ら，学生がなかなか自由に過ごせる時間がなくなってきているということですね。アルバイトする学生も増えてきたのですが，昔の学生のアルバイトと違ってアルバイトだけで回している店もすごく増えていて，学生が戦力化されているのですね。だからシフトも1カ月前に決めるからなかなか変えられない。学生のボランティア活動は今日話し合って，続きは明日にするかみたいな世界とか，こういう風にやるって言ったけれど，状況が変わったからこれもやんなきゃというような，計画どおりに進まないから面白くなるというのがあったのです。

でも今は学生のグループでもそうだし，NPOの施設が学生と何か新しいことをやろうとしても「1カ月前に言ってもらわないとシフトが……」みたいな話が……（笑）。受け入れ側の職員さんたちも，ボランティアというのは自由で自発的な意思の活動だから「絶対今度来てね」とか言わないのですよ。来たかったら来てというほど軽いものではないけれど，自主性を尊重しようと。ところがアルバイト先は「君がいないとシフトが回らない」と言うので，学生もそんなにアルバイトをやりたいわけではないけれども「俺が行かなきゃ」というのがあって，そっちに取られてしまって，結局なかなかボランティアに参加しづらいとか行きづらいとか……，という状況が広がってきている。就職活動とかインターンだったり，大学や企業が主催するようなセミナーも予定が詰まりに詰まっている。かつてのボランティア活動みたいに，その都度集まって何かやろうねというようなものが難しくなっていますね。

長沼：自由にできる部分とか，余裕があって面白いことができる部分がやりにくくなっているのですね。そうなると堅苦しいものばかりになってしまいま

すね。

　赤澤：特別意識の高い学生でなくても，インターンに参加できるというようなメリットはあるかもしれません。一方で，そういうものには乗っからないぞ，自分は違うぞという人たちは，逆にどんどん自分でやる形になる。今全体の状況はどうなっていますか？　と言われると，全体的には参加する人は減ってきていると思うのですが，授業を通じて活動に参加する人は増えていると思いますし，ボランティアに関する授業とか現場に行く授業とかもものすごく増えていると思います。けれども，それはそこでとどまっている。逆にやる人はものすごくやる。つまり二極化していると思いますね。学生とか若者の起業支援に携わるなかで，やる子はどんどんやっていく姿も見ていますが，そういう子は大学で用意したプログラムはあんまり気にしていない（笑）。自分がやることがすごく面白いと思うし，成長すると思うから。そういうので二極化しています。

（4）社会との接点を探る若者たちに寄り添う

　長沼：二極化している上の方，意欲的にやっている人を支援していて，これは面白いなとか，いいね！　というのはどんなものがありますか？

　赤澤：一昨年 edge という団体で支援していた子は，高校生の時からホームレスのことが気になっていて，大阪の釜ヶ崎に行っておっちゃんたちと仲良くなって，大学で勉強しながらホームレスの問題を考えていました。どうやったら一般就労につながっていくかを考えた時に，中間的な就労の場を作らなきゃいけないのではないかと発案します。おっちゃんたちに何が得意かを聞いたら自転車だと言う。缶を集めたりしているから，パンクしたら自分で修理しなければならない。自転車の修理は上手なのですね。そこで，自転車で何かできないかと考え，今はレンタサイクルの事業をやっています。ホテルとか色々な企業さんで停められる所を持っている所に「ちょっと軒先を貸してくれませんか」とお願いしに行って，町中にレンタサイクルのスポットをいっぱい作りました。そのレンタル自転車の受け渡しの作業とか自転車のメンテナンスをホー

ムレスのおっちゃんがしています。そこでホームレスの人が色々な人と出会ったり，自分の持っている特技を活かして自転車を直したり，看板作ったりといったことで一般就労につなげていくのをコーディネートしています。

　長沼：ソーシャルビジネスとして，それを立ち上げた？

　赤澤：そうです。今はNPO法人の形態でやっています。

　長沼：他にはどうでしょうか？

　赤澤：今期面談している子は，お父さんが50歳くらいで会社員なのですが，塩分の取り過ぎで救急車で運ばれたのです。血管が詰まって。その後，家族も一緒に努力して食事を見直して健康になっているのですが，段々血圧を測らなくなったり営業なので外食も食べたりということが増えてきて心配になるわけです。放っておくとまた発病する可能性があるわけで，親がもし亡くなってしまったら自分も今大学行っているけれど行けなくなるかもしれないし，弟も高校だけど進学できなくなったらどうしようと考えるわけです。そこで，同じように男性50代で困っている人は多いのではないかと思いつく。これを何とかできないか？　という相談を受けて，どうやったらビジネスになるか一緒に考えているのです。

　長沼：面白いですね。中身だけでなく，赤澤さんがいつも一緒に考えていくというのが素敵ですね。

　赤澤：若者のために何かしてあげようというよりは，その子がその時に感じたことを大事にしています。ビジネスの専門性を身に付けて会社で2〜3年働いてから何かやろうかなではなくて，今感じているなら今のこの感情を大事にして，何かやっていくのが面白いのではないかと。

　長沼：なるほど。サポーター的になりつつ，何か一緒に考えちゃおうみたいな，面白さを共有している部分があるのですかね？

　赤澤：そうですね。他ではこんなやり方をしているところがあるよとか，情報提供したりするのですね。

　長沼：別の誰かとつなぐというのもあるのですか？

　赤澤：たくさんありますね。最初のプランは携帯のアプリ作ろうとか。でも，

そんなの本当に見るか？ みたいな話をして（笑）。今はまだ試行錯誤の段階ですが，健康ではないお父さんに自覚して意識を変えてもらって健康にするのは相当困難だから，そういうアプローチはやめようと。むしろ君と同じようにお父さんとお母さんが倒れたら困る思いをする息子・娘という方が自分に近いと思うから，そういう子たちをどうやって応援するかというように変えようと。ダイエットマラソンとか禁煙マラソンとか皆でやると同調圧力が強く働いて，お父さんはやらなきゃとなるから，同じように困っている親の習慣を変えたいという大学生10人くらいでチームを組んだらどうかと。50歳男性の息子・娘は大学生くらいだから，きっと同じような人がいると思うからと。10人くらい集めて相互に親を監視するというような（笑）。今はクラウドでデータ管理ができますから，自分のお父さんにちゃんとやってよと言い続けるのもしんどいから，輪番で「○○さん頑張っていますか？」とやるのもありなんじゃないかと。

長沼：他のお父さんに連絡するのですね。これは受け取る方も，自分の子どもに言われるよりもその友達に言われた方がキツいですね（笑）。面白いアイディアですね。

赤澤：モニターみたいな形でグループをつくって企業とも提携できないかと。商品とセットのサービスみたいな形でサービスを売る。メーカー側も物を買ってくれるし，50代のサンプルデータがいっぱいとれるから有益です。顧客をこちら側で組織していると誰にとってもハッピーですし，結果として医療費も抑制される。

長沼：夢がありますね。発想が面白くて，どこから出てくるのかな？ と。赤澤さんからというのもあるかもしれませんが，若い人の何かを引き出すというか？

赤澤：問題解決のものですと，この課題とどうやって対峙しようかってなりがちですが，啓発的なものはなかなか広がっていかないです。何かおトクだとか楽しいみたいなものでないと促されないというのがあります。それは今まで色々なソーシャルビジネスみたいなものを見てきてわかってきたのですが，どちらかというと，なんとかしたい側の人に寄り添うというか，学生だったらそ

の子が何とかしたいと思った所をどんな風に形づくるかを大切にするのが大事だなと。大人になってから考えると，健康じゃない不良中年をどういう風に更生させるか？ という所からしか入れないから。

長沼：たしかに（笑）。

赤澤：そういう意味で学生は発想が面白いなと，出発点が面白いなと思うわけです。素朴な気づきとかを大事にすると，今まで大人が考えなかったことやできなかったような色々なことを解決する手段になるのではないかと思います。これは京都市サービス協会の水野篤夫さんに言われたのですけれど「次世代育成という言葉は嫌いだ。次世代というと君が活躍するのはもっと後だからまだだぞと言っているのと同じなので，そういう捉え方はダメだ」と。若者とか子どもも当事者だから，今ここにいる子たちがどんな風に考えたりやったりしているのかを考えていく方が，色々な問題解決のヒントがあるって言われて，そうだなと思って，それはずっと覚えているのです。だから若者に関わる時も次世代とかと思ってないし，こいつはこんなこと気づいていて面白いなと思って接しているのです。

長沼：良いアイディアだねって受け止めながら，一緒にやっていくって感じなのですね。

赤澤：特に自分がだんだんユースから年が離れてきたので，逆に最近は（笑）。

長沼：まだまだ私に比べれば近いですよ（笑）。今日は赤澤さんの学生時代のことから語ってもらってきていますが，若者に寄り添う感覚の原点に近いものがあったのではないでしょうか？

赤澤：自分が学生の時に，思いついたことを色々形にしてみて，成果が上がったりなかったりと沢山ありましたね。例えば学生が自炊しないから自炊を増やそうと考えました。ところがスーパーに行ったら，じゃがいもと人参と玉ねぎとかが全部バラバラで3つずつとか4つずつで売られている。こんなの一人暮らしじゃ食わないし，こんなの買わないって言って。そこでどうするかって言うと，生協の購買部で人参と卵と玉ねぎが1個ずつ入っているのを100円

で売ってくれって言って。それで作ったのですが，あまり売れない。購買のおばちゃんに売れないじゃないかって言われて，ただそれだけじゃいかんなあと思って，これ使って何するかっていうレシピ集みたいなのを作って置いたりとかしたら売れたのです。視点は悪くなかったけれど，提案の仕方がまずかったと気づく。大人の人たちが，結構学生の発想とかアイディアを大事にして，色々やらせてくれたっていうのは大きいと思います。

（5）今後のビジョン

　長沼：大人たちが，赤澤さんたちのアイディアを生かしてくれたという原体験ですね。最初からずっと聞いてきたら，最初の話とつながりましたよね。では，次にこれから赤澤さんが目指していくところ，これからどんな風に活動を展開されていくのかについて聞かせてください。

　赤澤：そうですね，今39歳でもうすぐ40歳になるのですけれど，名前がユースビジョンで良いのかっていう（笑）。今後は色々な選択肢があると思っていて，なかなか難しいです。ただ学生や若い人たちに活動する機会を提供しようというのが他で増えているから，そういうのは増えたら増えたで良いことなので，みんながやっていることはやらなくていい。基本こういうスタンスですね。

　長沼：なるほど。他の団体とか組織とかがやっていることは……。

　赤澤：それは，やらなくていいかなと思っています。まだできていないことは沢山あります。特に非営利の世界というか社会課題を解決する世界はまだまだ人材が不足しているので，そういうスタッフをもっと増やしていったり，育てていったりするところに力を入れたいですね。学生というよりは若手のスタッフ，NPOとかこういう分野で働くスタッフのパワーアップとかトレーニングみたいなのをもっとしていきたい。今もやっていますけれど，若い人たちが作るソーシャルビジネスみたいなものを増やしていきたい。

　長沼：たしか立命館大学で教えていると思いますが，授業の方は？

　赤澤：立命館大学では社会起業論という授業を担当しています。それもずっとソーシャルビジネスとは何か？　というのを延々としていてもあまり面白くな

NPO・NGOキャリアポータルサイト

　いから，ゲストに来て貰っているのです。ゲストもなるべく若い人たちにしゃべってもらっています。20代の人たちに。若い人たちがこういう活動に参加していこうと思ったら，やっぱり若い人たちがリーダーをやっている活動の方が，参加しやすいというのがあって。もちろん古くからある団体に若者を巻き込むというのも大事ですけれど。若い人たちのリーダーを増やしていくことが，結果的に学生ボランティアを増やすことにもつながるのではないかと思います。広く情報提供するっていう形で若者の参加を促そうと思ったのですが，今は若いリーダーとかそこで働く魅力的なスタッフを増やすことで，そこに惹き付けられる学生を増やすというような，そういう増やし方をしていけるといいなあと思っています。

　長沼：直接ではなくて間接的ですね。

　赤澤：広く情報を伝えるというのは公共施設とか大学ボランティアセンターとか沢山やっているので，どっちかというと惹き付ける素材そのものを，どん

どん増やしていくことを重視していきます。

長沼：教育的機能ですね。私は学校教育ですが，赤澤さんも広い意味での教育に携わっているのかなと思いました。色々な人が活躍して，その人の魅力で人が集まってくる。

赤澤：そうですね。今日の授業で来てもらったゲスト講師はフェアトレードショップで働いている2年目の子なのですが，その子も学生の時にユースビジョンのインターンシッププログラムを受けてくれていました。学生時代から自分でフェアトレード団体をやっていたので，就職後もフェアトレードを続けたいと思ったのですが，なかなか会社でそういうのを続けるところがない。どうしようかなと思っているところにインターンに来て，自分でやりたいと思っていることを勝手に仕事にしている人たちにいっぱい出会って，自分はそっちの方が良いなって思うわけです。運良く地元でフェアトレードやっている会社が職員募集をしていたので，それで学生の時に就職させて下さいと言って採用されて，今2年目なのですけれど店長をやっていて頑張っています。

長沼：そういうのを見ると嬉しいでしょう？

赤澤：そうですね。しかも，その子が今日また学生にしゃべって影響受けている子がいるわけだから。

長沼：二重に嬉しいですよね。

赤澤：こういうのをどんどん増やしていって，自然と広がっていけばいいなと思っています。過去にうちのボランティアプログラムとかNPOのインターンシップに参加した子が，大学の先生になっていたり，大学のボランティアセンターのコーディネーターをやっていたりします。若い時に地域の中で良い経験をした人たち，良い大人の人たちに活躍の場とかチャンスをもらった子たちが大学とかNPOとかで活躍している訳です。

長沼：たしかに活躍していますよね。

赤澤：そういう子たちが自分のフィールドで若者に機会を与えてくれるといいですし，一緒に何かやろうと言うとやりやすい。ユースビジョン自体の事業がすごく広がっていなくても，ぼくたちが大事にしたいなっていう感覚みたい

なものが，色々なところで働いている人に広がっていけばいいかなっていうのがあります。そういう人は他の地域より沢山育っていて，かつ今もつながっているのがあるから，地盤みたいなものはよその地域より結構できている。それはユースビジョンとか学生ボランティアセンターの歴史と結構重なる部分があると思います。

長沼：そう思います。素晴らしい人がどんどん赤澤さんの元から育っていって活躍しています。続いていますよね。その仕掛けがすごいなと，ずっと思っていたのですが，その理由がわかりました。

赤澤：ずっと集まる場は作っていたのですよ。離れた人たちも集まれる場を。

長沼：具体的にはどういう場ですか？

赤澤：2005年からやっていたのは「ユースビジョンカフェ」というものです。月に1回。小さいNPOで留守番やったりして外になかなか出られないスタッフをやっている若い子たちが横につながる場所を作ろうというので，最初はゲストを呼んで話を聞いていたのですが，途中から来ている人が順番に今なぜ私がここでこんなことしているかをしゃべるという。それがその人自身のいわゆるキャリアヒストリーを語る場みたいなことになり，同世代の子とか意欲ある学生の子も来てくれて，他人の人生を聞きながら人生を考える月1回の場ですね。それがその世代のネットワークになっています。

長沼：何人くらい来るのですか？

赤澤：毎回20～30人くらい来ていましたね。そういうのもちょっと落ち着いてきて，最近は色々企画するのに疲れてきているので，ただ集まって飲むだけという感じにしています（笑）。

長沼：それでもお互い色々な人の話が聞けて刺激的になるのでは？

赤澤：トークイベントになると，始まりの時間に来ないと参加しづらいというのがあるから。今は「ユースビジョン酒場」って名前に変わりました（笑）。夜7時から10時くらいまでで，いつ来てもいつ帰ってもいい。1品持ってきて下さい。それだけを条件にしています。

長沼：そういう「ゆるやかなネットワーク」も大事ですよね。

赤澤：そうですね。誰でも来られるような緩い場も残しつつ，一方では一緒にインターンシッププログラムをやりましょうというように実行委員会みたいな形でやったりするのもありつつ，授業に出てもらったりだとか。

長沼：面白いですね。こういうカフェというか酒場というのは，結構いいアイディアが浮かぶ時があって大事ですよね。

赤澤：NPO・NGO インターンシップというのも，実は最初大学でやっていたのですけれど，大学でやっているプログラムは段々構築化していくと単位出すから授業は大学の先生がやらなきゃダメだとかになる。ビジネスとか行政のインターンシップは9～5時で，5時以降飲みに行ったりするとトラブルになるから，そういうのは禁止と言われてしまいますけれど，NPOのインターンシップなんて5時頃からいろんな人が集まってきて，ボランティアの人とか含めて，そこでわいわいやって飲んだり食べたりしながらしているので，このやり方の方が情報交換が進むものです。

長沼：制度化のジレンマとでもいうべきものですよね。

赤澤：現場を預かる身になったから，今度は NPO が連携して，大学にも呼びかけながら，自分たちで人材育成する仕組みを作ろうって言ってやったのが，今日のゲストスピーカーやってくれた彼女なんかが参加してくれた，NPO のスタッフたちによるインターンシッププログラムです。それもカフェに来ているインターン生から始まったものです。集まった場の中で，また新しい企画が生まれてくる。

長沼：そういうの，ありますね。面白いですね。色々な仕掛けを持ちながら人がつながっていったり育っていったり……これが面白いのですよね。

赤澤：そうですね。自分がやりたいなっていうことを囁いたり……。

長沼：やりたいことをやるというのが，一番人間にとっていいですよね。

赤澤：皆がそれ面白いですねって言ったら，しめしめと思って（笑）。

長沼：つかまえた（笑）。

赤澤：そう，一緒にやるっていう話につながっていきます。

若者の才能を伸ばす

赤澤さんとは長いお付き合いになりますが，改めてお話を伺ってみて，赤澤さんの周囲から若い有能なスタッフが沢山育っていく理由がよくわかりました。赤澤さんは若い人たちが考えていることをどうすれば実現できるか，形にできるかを常に一緒に考えていきます。その姿勢は一貫していて，ぶれていません。そのような振る舞いをするようになった原点が，ご自身の学生時代にあったということも新しい発見でした。

　ボランティア組織では，そこに集う人々が達成感や連帯感を味わい，活動によって貢献できたという有用感を確認しながら進んでいきます。そのような学び合いのためには，リーダーが明確なビジョンをもって取り組むことが求められます。赤澤さんの実践には随所にそのヒントがありました。これから若い人と一緒にNPOを立ち上げる方々には参考になったことでしょう。

2　支援者を巻き込むテクニック
――相川良子さん（ピアサポートネットしぶや理事長）

　相川先生は，校長先生だった経験を最大限生かされ，地域ネットワークを次々と展開されている「まちの達人」です。特に支援者を巻き込みながら，しなやかに活動を展開するテクニックは絶妙で，学ぶことが沢山あります。

　インタビューでは，数々の事業展開のノウハウと経緯を丹念に聞き取ることに注力してみました。また，どのような考え方でボランティア組織を運営しているのかが浮き彫りになるように心がけました（2013年10月18日〔@ピアサポートネットしぶや事務所〕）。

第4章 インタビュー 魅力的なリーダーから学ぶ

── 相川良子さん（ピアサポートネットしぶや理事長）──

　公立中学校教諭・教頭・校長，渋谷区社会教育指導員，渋谷区青少年教育コーディネーターを経て現職。

　都市化，少子化が進む1990年代，勤務校の学校統合に出会う。廃校となる学校の記憶を，新しい学びの場としてスタートさせたいとの思いから，地域コミュニティが運営する「原宿の学校」が誕生，地域づくりにかかわる。

　社会教育指導員として，主に青少年教育を担当。1999年に事業の一つとして地域の有志とともに中高生の居場所「ファンイン」を渋谷区内8カ所に立ち上げ，現在に至る。また，不登校，引きこもりや，さまざまな課題を抱える子ども・若者を，世代の近い若者がピア（仲間）として，自宅訪問や居場所でかかわる「ピアサポート」活動を通して学校を支援する傍ら，若者の「自立支援」に取り組む。

　小中学校に総合的な学習，高校に「教科奉仕」が導入されたこともあって，小中高校の教育支援を行う傍ら，子ども・若者と社会をつなぐ「体験的な学習活動」プログラムの開発やコーディネートを行う。役職は，

　　地域団体「原宿の丘コミュニティ委員会」顧問
　　地域団体　子ども・若者の居場所「渋谷ファンイン」事務局
　　社団法人　全国キャリア教育ネットワーク協議会監事
　　交益財団法人　パナソニック教育財団「心を育む総合フォーラム」企画運営委員
　　港区子ども・若者支援地域協議会委員
　　文部科学省「家庭教育支援の推進に関する検討委員会」委員

（1）始まりは学校の統廃合から

長沼豊（以下，長沼）：どのようなきっかけで NPO が立ち上がってきたのかをまずは教えていただきたいのですが。相川先生は元々中学校の先生でしたね？

相川良子（以下，相川）：中学です。

長沼：中学の先生で校長先生もされて，その後ですね。どういう風に？

相川：そもそもは私が中高生の居場所を作ろうと思ったからです。そう思ったのは1970年代後半から1980年代にかけて大きく子どもも変わり，社会も変わり，そしてその中で彼らがなかなか群れられない，グループが作れないという

状況に。偏差値時代でもあった。このままで良いのかなあという感じがしていた時に，斉藤次郎さんの『中高生の居場所』っていう本が出ましたよね。あれを読んで，そうかじゃあやってみようかなあと。ずっと現職の頃から思っていたことでもありますし。

　長沼：中学の校長先生を退職されたのは，いつですか？

　相川：学校を退職したのは1996年。そこから本格的に活動を始めていきます。構想は既にあって，実際にじゃあやろうかと思ったのが退職後。いよいよやるか！　みたいになって，社会教育の部署にすぐ希望を出したの。

　長沼：渋谷区の社会教育ですね。

　相川：そう。とりあえず上原社会教育館に行きたいと希望を出しました。退職後の仕事って色々あるのですが，あえてそこへ，上原社教館に行ったのですよ。最初はなかなか，そうは言っても居場所は作りにくいのですけれども，やはり，この時代には，神戸の少年Aの問題も起こりましたよね。1990年代後半ですね。子どもが加害者になっていくというか，当たり前の子どもが加害者になるかもしれないという，被害者・加害者の境目がなくなっていくみたいな時代だったのですね。

　それまではもう一方的に非行というかね，悪い子たちみたいなタイプの子っていうのがいて，そういう子たちへの対策って結構あったのですけれども，この境目がないという状況に愕然とするわけですね。そういう時代だったので，これはこのままじゃ駄目だなということをますます考えて，とりあえず上原社教館に「中高校生倶楽部」というものを社会教育館の主催講座で作ったのです。これが，そもそもの始まりです。

　長沼：これが最初ですね。「上原ファンイン（※中国語で歓迎の意）」が最初ですか？

　相川：ええ。でも，まだ名前は中高校生倶楽部です。この中高校生倶楽部は社教館の主催事業としてやっています。当時の社会教育主事と一緒に。それをまず上原に作ったのですが，すぐそばに学校があって，沢山子どもたちがやってくるという状態が生まれました。その段階でこれは行政が動いたとしても，

すぐ終わると思うわけですよ。

　長沼：なぜすぐ終わると？

　相川：人が変われば，事業は変わる。

　長沼：ああ，人が変わればねえ……（笑）。

　相川：そういう場所にいるとよくわかる。まあ，これはまずいなということで，こういうのは地域に任せていこうかなと思うわけですね。

　長沼：行政ではなく地域の方でやったらどうか，ということですね。

　相川：そうそう。私最後に原宿中学の校長をやっていて，辞めた時でしたね。辞めて上原社教館に行った段階で，原宿中学校が生徒数が減って統合することになるのですよ。統廃合というのは地域の中で色々なことがあります。その時は区内のPTAの役員さん，会長さんたちと統合について考える過程で仲良くなりました。

　長沼：PTAの方々もそうだし，地域の皆さんともコミュニケーションがとれていたということですか？

　相川：そうです。統合した学校をどう再生できるのかっていうのが私の課題でもあったし，原宿中学校校区の地域の課題でもあったのですよ。というのは原宿という名前を持っている公共の場所が原宿中学校を含めて4つしかなかったの。それはね，原宿警察，原宿郵便局，原宿駅，原宿中学校。あとは全部ね，町名変更で神宮前に変わっていたの。そうすると地元の人は，消えゆく原宿っていうのをとっても心配していた。そういう経緯があって，私たちが地元と一緒に，その原宿の名前だけ残そうということを考えたのですよ。私と当時のPTAで。

　長沼：切実な課題だったのですね。

　相川：ええ。PTA役員全部，学校中，もう地域ぐるみで。地域の人と私で，もう何十回やったかっていうくらい，地域にベターッと入って話し合っていったのね。そこで生まれたのが，高齢者施設に変えるという区の方針があったので，子どものいなくなった校舎の一教室を地域のコミュニティーの中核としてくれないかと考えたのね。PTAを中心としたグループが運営するからという

ことで。何をやるかっていうと，ここは原宿中学校って学校だったところだから，生涯学習を重視して学びを作ろうと思っていたので，そこに「学びの拠点」を再生させるという方針を出したのですよ。ただね，それがなかなかハードル高くて，名前はね「校歴室」っていうことで，とりあえずもらえたのです。学校の歴史の部屋。

　長沼：それはどういう部屋だったのですか？

　相川：統合して本体は全部外苑中学校に移ってしまったでしょ。学校の歴史の基本は新しい学校に移ったけれど，一番思い出に残るものだけは，こちらに残りました。校門とか卒業式の答辞とか，旗とかね。それを校歴という形で展示するということにしたのです。でも実際は「コミュニティー室」として利用していきました。

　長沼：実際はコミュニティー室として，地域の拠点作りになったということですね。

　相川：そうです。そこで当時のPTAのみんながやったことは，手づくりで部屋を創りあげたことです。つまり中身をね。印刷機とか戸棚とか。統廃合の続いていた時期だから，いらなくなったものをもらいに行ってね。そして地域のための部屋を作った。それがそもそもの始まりで，そのことが地元にとっては，ものすごく嬉しいことだった。だって，子どもがいなくなっても，自分たちの場ができたということで。そこに拠点ができ上がっていて，実は今でも続いているのですよ。

　その後コミュニティー委員会が生まれて，そのコミュニティー委員会を地元町会長を代表として地域の関係者すべてが入り込んで作り上げた。学びをどういう形にするかということになったので，「原宿の学校」にしようと「の」を入れたらと提案したのです。そして原宿の学校運営はコミュニティーがやる。なんでもいい。好きなように作っていくということになって，その原宿の学校がオープンしたのです。その資金は，施設開放の予算で，100万円ぐらいいただいて，年間50～60くらいの講座を作りあげていったのです。PTAをはじめ，地域の力はすごかったですよ。

長沼：年間50〜60の講座って，結構すごいですね。

相川：そう。それをコーディネートしたのは，全部当時のPTAの方々でした。

長沼：先生はその時何をされていたのですか？

相川：私は上原社会教育館にいました。上原社会教育館では住民の学びをつくっているので，チラシづくりの手伝いをしましたが，主体は全部自分たちで考えるということになったのが，そもそもの始まりなのですよ。原宿の学校を作りましたよね。ものすごく評判良かった，地域に。地域の人だから自分たちのできることをするのですよね。地域の中から色々なアイディアが生まれ，地域資源を発掘してくるのです。

長沼：これ面白いでしょうね，先生。

相川：面白かった。すごく面白かった！ PTAのみんなの考えることがユニークだから，すごく楽しかったですよ。ある時は陶芸の先生を呼んできて，じゃあ窯をどうするのだよって話になった時，じゃあ手づくりしちゃえばいいじゃないかとなる。でも，そうは言ってもさーって言っているうちに区に折衝に行って，ちゃんと予算をゲットしてくるとか。

長沼：それは先生じゃなくて，ご本人たちが折衝してくるのですか？

相川：そう，自分たちで。全部自分でやっていました。すごいエネルギーがあるってことがわかりましてねえ。いまだに続いているのですよ。ただ，その地域も高齢化してきてね，地域から子どもがいなくなって，子どもの色々な学びの場を一応つくるけれど，基本的に地域のニーズに合わせてやっていくことになりパソコンとか麻雀教室とかが生まれ，これは大繁盛になりました，今でも。また，高齢者向けの食事会も生まれ，なんだかんだいくつかの団体がコミュニティー室に集まるようになった。その結果色々な団体がそこで活動を始めて，つながってやるようになっていくのですよ。それがね，そもそもの始まりですよ。

代官山ファンインの活動風景

（2）中高生の居場所を創る

長沼：先生，その次のステップはどんな動きになるのですか？　その楽しいところから始まっていって，その次は？

相川：楽しいところから，私はすぐいなくなる癖があって（笑）。

長沼：ああ，任せちゃうということですか？

相川：楽しそうにやっているから。今度はやはり中高生の支援をやりたいし。学校統合後のコミュニティーのつくり方と全く同じように，中高生の居場所「ファンイン」を作っていくのですが，地域に任せていく段階で，統合の時に仲良くなったPTAの会長さんに全部声をかけたのですよ，一気に学校や，青少年委員とか，地域の色々な方々に声をかけて，まず上原社会教育館を拠点に地域がかかわるモデルを作ったのですよ。もうその段階で中高生倶楽部ではなくて「上原ファンイン」にしたのです。ファンインって名前を考えたのは社会教育館の職員だったの。一緒に働いていた人で。だから社会教育が地域に向かって発信していく形のつくり方をしたわけです。まず行政系で入る。だって私がそういう立ち位置ですからね。それを作ってモデル化して，ボンって任せたというのが正直なところですかね。

長沼：最初は先生が作って地域の皆さんに任せていく。それで先生は別のことをされるわけですね。他の地域のファンインを作っていくのですか？

相川：そうです。7つ。今はないところもありますが，例えば鳩森ファンイン。これは小学生だったので，小学生はできるだけやめようと私は思って。それから本町。これも小学生だったので，小学生グループは大体終わりにする。小学生の場合には放課後クラブが入ってきたりして，もう行政系が放課後に手を入れてきたということもあって。私たちの役割は終わったのではないかと。

長沼：役割が終わって，やはり先生は中高生の方へいこうと？

相川：そうです。中高生って絶対難しいのですよ。行政が運営しにくい。だいたい子どもが集まらないのですよ。何をやっても来ない。そういうものです。そこで，学校にいた時に仲良くなった中学校のPTAの会長さん，役員さんに呼びかけて，自分たちの地元で行政の場所を借りて，やりたいようにやってみたらというのがファンインができあがった元になりました。当時の会長さんたちはねー，気楽にやりましたよ。

長沼：へー，楽しんじゃったのですね。

相川：そうですね。私が全部セッティングしないっていうのが一番良いのでしょうね，きっと。各々が自分で活動拠点を借りて，自分たちで考えたことを自分たちでやる，これは大原則。だから私はそこまで。嫌になったら「やめてもいいけどさ」がいつも付く。そう言われてあちこちが動き出すとね，「あーそうかそうか」みたいに動いちゃったのですよ。一斉に動いちゃったの。それで本当に沢山集まったので「渋谷ファンイン」という名前にしようとなります。当時文部科学省が5日制を前にして，地域の居場所づくりを進めようとしていて，たまたまここにこんなことをしている団体があるというのがわかったらしく，助成金が付いたのです。モデルで助成金を出そうというので，もらえたのです。で，お金が出ると難しくなる。ボランティアっていうのは，そもそもお金では動かない。責任は取りたくない。

長沼：そういう見方ですか。

相川：子どもも来るかどうかわからないし，大人も来るかどうかわからない。だからせめて関わった大人には文部科学省からお金も出たことだから，活動資金を提供しようではないかとなります。コミュニティーづくりもそうだったのですけれど，自分たちがやりたいことをやるけれども，ささやかな謝金が出ると，貰った責任みたいなものが必ず出るのですよ。そうした経験があったものだから，これは無償ではなく謝金を支払うようにしようと思っていたのです。

そうすると，彼らは何をするかというと貰ったお金を懐に入れずに，自分の団体のために活用するのです。活動資金をため込んでいくという状況が生まれ

たので，まあ良いことだと思いました。自主運営の基礎ができたように思いました。国の委託金は案の定3年くらいで終わるものです。

　長沼：大概そうですよね。助成金って切れるのですよね。

　相川：切れるのですよ。でも切れても貯めていたので，そのまま継続するのですね。

　長沼：そのお金を使うのですか？　その貯めていたお金を？

　相川：別の助成金を探しました。その段階に入ると自分たちで申請書を書いていました。もうできるようになっていましたね。できないグループもあるのですが，できない場合はボランティアでかかわるファンインの事務局がサポートするようになり，仕組みも少しできました。

　長沼：すごいですね。自立した組織として着々と力をつけてくるわけですね。

　相川：すごいですよね。私もすごいと思って，なぜやるの？　やめないの？とか聞くくらいでした。すると「子どもが一人でも来たらやめられないじゃないですか」と言うから，そりゃそうだよねと。店開いちゃうとね，子ども大人もやってきます。そうしたことでもう14年が過ぎました。不思議ですね。やめられなくなると，自分でどうにかしなきゃいけないから色々なところに助成金の申請を出す。随分頑張ったと思いますね。その段階で私はあまり関わらない。

　長沼：関わらない。ちょっと遠くで見ている感じですね，先生は。

　相川：また，いなくなったよと（笑）。

　長沼：どこに行っちゃうのですか，今度，先生は？　先生もお忙しいですからね。全部には関われないし。自分たちにできる所はどんどん任せるということですね。

（3）渋谷区全体に広がっていく

　相川：ファンインの居場所に，不登校の子どもたちが顔を見せるようになりました。教育委員会と不登校対応を考えました。その後，渋谷区の青少年教育コーディネーターというのをやってほしいと言われました。そうすると今度は区役所に行くことになるのですよ。区役所にいて，もっと広く色々やるのです

けれども。
　長沼：ファンインの居所に中高生の不登校の子たちがやってくる。
　相川：そうすると，その子たちに対応するという必要が出てくるのですよ。各々のファンインの居所に若者が配置されていました。その若者に対応してもらいました。これが長続きした一つの要因なのですけれどね。
　長沼：若者というと，どういう人たちですか？　地域の？
　相川：大学生とか，あとはぶらぶらしている子も。
　長沼：ぶらぶらしている若い子？
　相川：ぶらぶらしている若い子も呼んできた。各々のファンインで。
　長沼：ユースパートナーですね。若いパートナーがそこにいれば，来やすくなると。
　相川：そう。そうしたら誰が探してくるか？　と言うので自分でと。自分で探してきてと。
　長沼：徹底していますね。それもスタッフの教育ですね。
　相川：そうするとね，ぶらぶらしている子を連れてくるのですよ。高校に行ってないとか。
　長沼：ほう。自分自身も学校に行っていない子たちが，そこに吸い寄せられるように。
　相川：そういう子を今度は小さい子たち向けのプログラムで活躍させるのですよ。そもそもユースパートナーが定着していったということもあったのですが，じゃあ，ここの居所が不登校対応できるかという問題が次に出てきましてね。それで私が学校と連絡を取りながら，ファンインの居所に生徒がいるということを学校に認知してもらったのですね。生徒がここに来ていますよと報告したのです。不登校の子どもにとっては「行ってもいい場所」になったのです。
　長沼：安心してね。
　相川：そう。一般の子もいるけれども不登校の子もいる。じゃあ不登校に対応するサポーターをなんとしようということで，そこで出てきたのがピアサ

ポーターです。ユースパートナーとピアサポーターの兼任に変わっていく。

長沼：変わっていくのですか？

相川：ピアサポーターという形の支援が必要だということになった。

長沼：ピアサポーターというのはどちらかというと不登校の子の対応をする若い人，サポーターなのですね？

相川：そうです。そればかりは地域に任せられない部分がいっぱい出てきました。それでピアサポートという形の研修を始めた。

長沼：やはり知識とか技術とかが必要だということで，研修を始めたのですね？

相川：渋谷ファンインの中のピアサポート委員会というのを，まず作ったのです。これもね，色々なところから助成金をもらったのです。

長沼：研修やるためにはお金が必要になって，そのための助成金を得て。それで研修は年何回かという形でスタートさせたのですか？

相川：月1回でした。当時教育委員会と一緒に不登校の子どもたちを訪問しようと。自宅でもいいし居場所でもいいし，彼らを外に出そうという事業が始まったのです。これは当時の教育委員会と考えて作ったシステムなのですが，行政的にはフォロースタッフ派遣事業という，子どもの心サポートという大きな枠組みの中にフォロースタッフの派遣が生まれ，そのフォロースタッフとして私たちが養成したピアサポーターも送ることなったわけです。

長沼：なるほど，そういう仕組みを作ったのですね。

相川：今でもやっているのですね。独自に養成するというものは，私たちは自前でやるのです。そして教育委員会はそのサポーターを派遣する。フォロースタッフを学校の了解のもとに自宅に派遣していく。そういう事業は教育委員会の事業になったのです。

長沼：うまく棲み分けができたってことですね。

相川：それが，いまだに続いています。学校と連携して，学校として良いとなったら自宅に訪問していく。

長沼：先生が研修で養成された若い子たちが，ピアサポーターとして活躍し

ていくのですね？

相川：そうです。若者ボランティアというピアサポーターの人たちがいましてね，それが今20何人かいるのです。そして必要に応じていろいろな場面でマッチングされるという形になっています。教育委員会を通じて自宅に行く場合もあるし，独自に私たちの方から派遣する場合もある。この中から今のNPOの訪問事業も生まれました。居場所だけではなく，そういう形のものも作ったのです。当時，私は社会教育館から区長部局に移っていたので，自分の主な仕事はこういうことではなかったのですが……。

長沼：別の事をされていたのですね。

相川：区の中で，青少年育成の全体を見渡すコーディネーターみたいな仕事をしていたのです。

長沼：じゃあ，これをやったのは渋谷ファンイン事務局の皆さんですか？

相川：仕掛けたのは私です。

長沼：やっぱり仕掛人ですものね，先生は（笑）。

相川：仕掛けた時にお金がないと仕掛けられないってなりますね。でも，これは，たまたま東京都の家庭教育支援という事業があって，その中の一部をもらって仕組みを作ったのです。私がやるのは基本的に仕組みづくりなのです。継続できる仕組みをどう作っていくかが大切です。

長沼：実行するのは地元の方とかに任せていくと。でも，お金がいつもすごくいいタイミングで入ってくるのですが，そこで助成金が取れるっていうのは何か先生のお力があるのではないですか？　タイミングだけではなくて？

相川：それは基本「アンテナ」ですね。世の中の動きと行政系の方々との人脈ということでしょうね。

長沼：そうすると情報が入ってくるのですね。アンテナに響いてくるのでしょうね。

相川：これは人脈ってやつで。色々な人とお付き合いをする。自分からしようと思う訳じゃないのだけれど，結果的に付き合いが広い。付き合いが広いから情報が入りやすい。色々なルートで入りやすいっていうことがあったと思い

ます。助成金をもらって仕組みづくりをして。この仕組みを作った段階で行政と協力関係を作るというのも良かったのです。

　長沼：行政も動いてくれる，教育委員会も動くというのがないと，なかなか続かないですからね。

　相川：地域のネットワークというのは，やはりフォーマルなネットワークとして形成される必要がある。私たちのようなインフォーマルな顔つなぎのネットワークだけではなかなか回らない。両方必要だというのを私はしみじみ感じていましてね。うまく立ち回ったということですかね。だって区役所にいる訳だし，青少年教育コーディネーターという肩書もあって。自由に動く基盤がありましたから。

　長沼：(笑) すごいですね。

　相川：これをしなくちゃいけないって決まりがなかった。

　長沼：なにをやってもいいという形ですね。フリーハンド。

　相川：コーディネーターというのは，基本フリーで動かないと，よく見えませんから。

　長沼：先生の本当にやりたいことが実現に向かって進んだのですね。

　相川：そうです。人脈も活かして。不登校のことを考えたら予定調和じゃないのですよ。ぐずぐずしていたら遅れてしまいます。

　長沼：そうですね。

（4）NPO を立ち上げる

　相川：不登校の子たちが15歳を過ぎますと，所属を失います。当時行政に対して「私が一番困っているのは成長して所属がないまま引きこもっている子もいるのです。区としてそっちの方向の施策を考えませんか」と話しました。たまたま東京都の治安対策本部の話になります。そこに区役所から出向していた人がいたのです。偶然なのですよね，治安対策本部の引きこもりの対策をすると。だからモデル事業を公募していると。これは区に落とすのだという情報を聞いたので，ひきこもりサポート事業が生まれることになりました。この段階

で区とすれば，これはやっぱりNPOに委託したいという話になったのです。前から準備をしていたのですが，このタイミングでNPOを作りました。

長沼：NPOを，すぐ立ち上げちゃったわけですね。

相川：そのあと区の委託を受けて。それがもう4～5年になりました。そういう経緯ですね。

長沼：面白いですね。NPO法人を作るのも，結局，東京都のその出向した職員の方がいたから。事業をするためには，その委託事業費が必要でNPO法人にすると。それも偶然ですか？

相川：そうね。ファンインやっていく中で関わりは，もちろんある訳ですよ。助成金っていうのはNPOの法人格がないと取れなくなっていったのですね。20～30万は取れても，何百万は取れないということになったものだから，ゆくゆく法人格は必要だなとは思っていたのですよ。でもタイミングが色々あって，そしたら東京都を含む行政の動きが見えてきた。区の事業委託を受けて委託金が出ることになったので良かったです。

長沼：偶然ですか。

相川：私よく思うけれど予定調和が意外とない。若者支援という大きな目的はあるけど，明確に目標設定しないで動きながらその動きを見ていって，あったものを自分に引き寄せるっていう。それが一番上手だったかもしれない。世の中に漂っている様々な情報で，自分に必要なものをゲットするっていうやつ。ゲット力があるかな。

長沼：それが先生のすごいところですよね。きっと色々情報がある中で嗅ぎ分けるのでしょうね。これだ！　というものを。

相川：そうです。そうすると早いのです。多分あまり外れないです。世の中の動きを読む，見るというのが大切ですね。

長沼：時代が必要としているものは何か，やはりそこに助成金がついたりするのですね。同じことを考えている人がいてお金出しますよと。その情報が入ってくるのですね，先生の所に。

相川：必ずそういうものですよ。世の中に大きな課題があれば，その課題を

解決するためにそれなりの動きが起こる。その動きの中には行政的に言えば国の政策によりお金が付いて動くのですよね。ボランティアで動けって，そうはいきません。そういうところに一定の勘を働かせていて，そして実際に動くのは自分たちなのだと。これが企業でもないし，行政でもないし，そうではない自分たちの生活上のさまざまな課題なのだから自分たちで解決していく，そういうものなのだと。世の中そんなものですよという風に言うものだから，みんなそんなものだと思ったということですかね。

　色々とやってくる中で継続と広がりということが起こらないと，そういうムーブメントが起こらないと，形っていうのかな，活動は広がりを見せないですね。

　長沼：継続と広がり，両方ですね。時間的なものと，地域というか人というか横ですね。

　相川：その継続と広がりというのは裏表になっていて，広がれば継続する。継続すれば広がる。

　長沼：長いことやっていれば信頼を得られるし，人が寄ってくる。

　相川：そこにポイントを置いた時期がありました。これは成功しましたよ。文部科学省の学校週5日制対応で出した子どもプランというのがありましたね。このプランの中に体験活動支援センターがあって，それもやったのですよ。それで学校と地域を繋ぐ話をしたり，情報誌を発行したりということをしたのですよ。『渋谷子どもネット』という情報誌を出したのです。これは素晴らしい情報満載の情報誌ということになってね。作ったのはね，ファンインの中でそういうのをやりたい人がいて。どこにも必ずいるものですよ。

　長沼：情報誌を出すのが好きだったり，得意だったりする人がいるのですね。

　相川：そういうものです。親子で外遊び便利MAP，これは最近「春の小川プレーパーク」が作ったものなのですけれど，私たちのやり方の基本は真ん中に自分の住んでいる地域の地図を入れる。そこに情報を入れ込む。そこにかかわる団体を集めて紹介する。渋谷ファンインも，そのような形で紹介したのです。文部科学省の委託だったのですが，PRになりました。区も少々絡んでく

第4章　インタビュー　魅力的なリーダーから学ぶ

れて，色々なところに配布しました。コンビニにもおいた。そういうことで一気に広がるのですね。保育園情報とか色々な情報を入れ込んで，当時年4回出したのです。それはすごい効果がありました。この事業も3年で終わったのね。終わると終わりですよ。それは終わっても平気なのです，私としては。

長沼：そこが知りたいですね，なぜ平気か？

相川：だって3年で終わったってことは，次の段階に入ったってことです。次の段階に入ったってことは，次のことやればいいじゃないですか。

長沼：同じことやっても意味がないから違うことをやろうじゃないかと？

相川：そうそう。まあ3年が良いとこでしょ。というのがあるものだから，終わるというのは結構価値あることなのです。

長沼：普通は中々そう思わなくて，しがみついちゃって同じことをしようとしちゃうのですが，むしろ終わることが価値あることだと。そして，次の展開を試みる。活動もそうだし人もそうだし，思いみたいなものもステップアップしていく。変わっていくのですね。

相川：ステップアップなんて綺麗にいかないですけれど，要するに終わればいいのですよ。終わればね，なんか次がやりたい人がモコっと出てくるから。また次やればいいじゃない。

長沼：ボランティアの良いところって，そういうところですね。

相川：そうです。まさにそうです。ある家庭教育支援の協議会があって，私が仲良くしている大阪府立大学の山野先生が調査をしました。家庭教育が中々困難な家庭，孤立しがちな家庭，それが3分の1。支えようと思う人が3分の1。バランス良く両方いるのですよ。当たり前じゃない，それは考えてみれば。困った人もいれば，手を出したいって人もいるのが世の中ですよ。そういうものですよ。そうするとそれが3分の1もいるのですね，手を出したい人が。

長沼：結構いますね。

相川：いますよ。だから仕組みさえうまく作れば，長くやらなければ，いつでもでき上がるというものだと思うのですよ。

長沼：そうすると始める時も気が楽ですね。別にそんな長く続けなくてもい

情報誌『渋谷子どもネット』

いのではないかと。とりあえずいけるところまでいってみようと。3年間なら3年間で。

相川：そうそう。楽しみましょうと。

長沼：そこですね，やはり。

相川：楽しんでやりましょうよ，だって面白い。人がワーって動き出した時ってモチベーションが上がった時，ポジティブになった時。そういう時ってだいたい周りは楽しいものなのですよ。だからネガティブになってね，うまくいかないなんだかんだという風になったら，だいたい気持ちが萎えますから，やりたくなくなるじゃないですか。だから，その前にやめとけばいいじゃないですか。萎える前に。

（5）次から次へと展開していく

長沼：でも案外そういう時って，やめる勇気がなかったりするのですよね。そういう状況だと。でも，むしろ逆なのですね，もうやめてしまえと。それで新しくまた始めたらどうかと。それで「この指とまれ」で興味がある人が集えば。

相川：またやる。

長沼：それ面白いな。

相川：またやる，の例が最近の引きこもり支援事業。東京都の事業が渋谷区に下りてきて，それが2年で終わっちゃったのですよ。東京都が新しい事業を展開しだして。そうすると区の委託事業がなくなったのです。

長沼：都が抱えちゃったのですね。

相川：そう，1年間くらい私たちNPOに助成してくれていたけれども，財政状況が厳しいからということで，終わったのですよ。そこが，また良かった

のですよ。

　長沼：良いのですか（笑）。普通はそこで困っちゃうのですが，なぜ良いのですか？

　相川：当時のNPOのスタッフに言われたの。私に渋谷区に交渉に行って継続してもらってくださいますかと。でも私はやらない方が良いと思うよって。理由はNPOにしたのだから，自立型NPOって自分でやることなのではないか。これが一つありました。いつまでもそこに頼っていたのじゃ自立できないだろう。それはね，作った限り自立するのは当たり前だから。そんなことが強くありました。それと同時に，いつまでも身近な行政ばかりに頼っていたら細るだけですよ。

　長沼：広がらないですね。

　相川：だったら，いいところでやめておけば，次の手が打てるよっていう風にしたのです。当時の職員の方は色々応援してくれて，国の関係の助成を受けて，今広がりつつあります。

　長沼：養育困難な子どもと家庭へのネットワークによる支援。2013年度の事業ですね。

　相川：でも2011〜2012年度は引きこもりでやったのですよ。区が今までやってきた事業だからと，応援してくれた。

　長沼：バックアップしてくれたのですね。

　相川：そっちの方が広がりが生まれたのです，実は。身近な行政から資金の助成を受けるより。やってみたら，そういうことだった。渋谷区が応援してくれることになったことの方が大きい。

　長沼：信頼されているのですね。

　相川：そう。ネットワークの事業は今一番求められていることです。当然必要だから助成金も高い。行政のバックアップがあるからネットワークが作りやすかった。そこで切り替えることができたと思います。厚生労働省も文部科学省も，いま求められているのは全部ネットワークなのですよ。

　長沼：そっちにシフトしてきたのですね。行政も。

相川：国そのものがもうネットワーク。単発，単体がやることは本当にもう限られているし，これだけ複雑多様な社会をね，1つの視点では絶対網羅できない。どんなに広げても，その価値観には限界があるということだと思います。私も常に思っていたことで，1つの団体が1つの考え方でミッションをやったら，そこに合う人はいるかもしれないけれども，これだけ多様な社会の中で手が入るとしたらごく一部だと思う。という風に思って，去年あたりからネットワークに切り替えたのですよ。乳幼児対象，図書館ボランティアで読み聞かせグループ，居場所グループ，遊び場はプレーパーク。色々な主体が集まることによって活動の場が広がるということになる。年齢層が広がった。乳幼児から20代までになったのですよ。申請書類を書くにあたってテーマをどこに絞るか。不登校・引きこもりだと入れない団体もあるし。そこで今年は，福祉医療機構が一番重視していた虐待をテーマにしたのです。

長沼：なるほど，虐待を起こさない，起こさせない取り組みという形で申請した？

相川：そうです。それを地域のネットワークでやる。7団体あるのですよ。いずれにしろ行政の信頼と地域のつながり，これを再結集してみたのですよ。

長沼：すごい。先生でないとできないですね，多分。

相川：一番のポイントはですね，ネットワーク団体の代表が7名いるのですけれども，ここの地域コーディネーター，中核コーディネーターという仕組みを作ったのですよ。

長沼：中核は全体を見渡していく感じですね。

相川：地域コーディネーターをファンイン系とさっきの情報誌を作っていた人たちと，合わせて3人にしたのですよ。私は中核コーディネーターだけれど，あまり手は出さない。

長沼：若者の居場所作り，家庭支援のための地域サロンもやっていますね。

相川：この地域サロンは面白いです。

長沼：面白そうですね。コミュニティーカフェとか外遊びの広場とか。それぞれの団体で違うのですね。

相川：それぞれにできる事を，自前で人材を集めて，できるようにすればいい。こちらで考えたのは計画書と報告書だけです。

長沼：後はみなさんが？

相川：ええ。人をあてにしないというのは大原則で，助成金なんかは，いつ切れちゃうかわからないから。あてにしないで自分たちでできる活動を継続する。それでいいのだ，みたいなね。

長沼：それでいいのだ，どこかで聞いたような（笑）。

相川：結局は自分たちの問題ですよ。

長沼：そうですね，自分たちの地域の子どもたちの問題だったり，親子関係の問題だったり，全部そうですよね。

相川：そうなのですよね。そうした時にね，さっきの3分の1論じゃないけれども，やりたい人っているのですよ，困っている人もいるのですよね。そこはね，もう顔の見える関係で自分が作ればいいだろうと。

長沼：やはり顔の見える関係ですね。

相川：結局はそこなのですよ。モチベーションが上がるというのは顔が見えるから上がる。そういうつながりを大切にして今後も進んでいきたいですね。

集まる場所を創り続ける

相川先生とは以前からのお知り合いで，何度か講演等でお話を伺ったことがありました。インタビューという形式は初めてでしたが，わかりやすく語っていただき，さまざまなノウハウやテクニックを学ぶことができました。

印象深かったのは助成金に対する考え方と，常にアンテナを張っている姿勢でした。前者は助成金が切れると普通困ってしまうものですが，初めから何年も貰うことを期待していない，切れたら次を探すという姿勢を貫かれています。その理由も明快です。後者は人脈を生かして常に新しい情報をキャッチしてい

くこと，その中から組織にとって必要な情報を的確に取捨選択していくことでした。

そしてなんと言っても絶妙なのが，事業を軌道に乗せたら次の人に任せて，ご自身は次のステップ，ステージに進んでいくことです。まさに仕掛け人です（仕掛け人については，第5章参照）。

3　組織をファシリテートするテクニック
――川中大輔さん（シチズンシップ共育企画代表）

川中大輔さん（シチズンシップ共育企画代表）

ファシリテーター。神戸市生まれ。関西学院大学社会学部卒業，立教大学大学院21世紀社会デザイン研究科修士課程修了。

1998年から教育・環境・まちづくり・市民活動支援の活動に参加。NPO法人 BrainHumanity 副理事長・事務局次長，国際青年環境 NGO・A SEED JAPAN 理事，IIHOE［人と組織と地球のための国際研究所］フェロー，（財）大学コンソーシアム京都研究主幹，立命館大学サービスラーニング担当専任教員等を歴任。

2003年に「市民としての意識と行動力」を育む学びの場をつくるシチズンシップ共育企画を設立。現在，同代表。全国各地で市民教育や協働まちづくり，NPO マネジメントに関するワークショップを担当。2013年より日本シティズンシップ教育フォーラム（J-CEF）運営委員・事務局長。

同志社大学大学院総合政策科学研究科・大阪樟蔭女子大学大学院人間科学研究科・甲南大学非常勤講師。神戸市協働と参画のプラットホーム協働コーディネーター，（特活）まちなか研究所わくわく理事，（公財）京都市ユースサービス協会企画委員，（一財）大阪府男女共同参画推進財団理事ほか公職多数。

川中さんは，さまざまな組織・団体の研修等でファシリテーターや講師として活躍されています。ワークショップ型の学びの世界では，そのわかりやすさ

に定評があります。また，シティズンシップ教育についての実践と研究の分野でも種々の団体の牽引役として全国を飛び回っている素晴らしいリーダーです。

インタビューでは，組織や団体のメンバー間の交流を促進する（ファシリテートする）テクニックを中心に語っていただきました（2013年10月11日〔＠学習院大学長沼研究室〕）。

（1）ボランティアスタッフの興味・関心をしっかりキャッチ

長沼豊（以下，長沼）：川中さんには組織をファシリテートするテクニックについて色々お伺いをしていきたいと思います。川中さんが関わっている組織のうちの2つ「シチズンシップ共育企画」「日本シティズンシップ教育フォーラム」，どちらも立ち上げに関わったということですので，まずはこの2つの組織について簡単に説明をお願いします。

川中大輔（以下，川中）：シチズンシップ共育企画は，2003年に立ち上げたNPOです。京都や神戸を主な活動地域としており，3つの事業を柱としています。

1つ目は，シティズンシップ教育のプログラム提供です。主催事業では，京都で高校生対象の長期実践型ボランティア学習プログラム「ユース ACT (Active Citizenship Training) プログラム」を展開しています。また，学校や社会教育施設，教育委員会や行政等と連携して，子どもからシニア層まで多世代に対し，社会づくりの担い手としての自覚や自信を育む学びの場づくりにも取り組んでいます。

2つ目は，リーダーシップやマネジメントのトレーニング・プログラムの提供です。自分たちの手で社会を創っていこうという意欲があっても，その思いを形にする実現力や行動力がないと実を結びません。NPO・ボランティア団体や社会的企業のメンバーを対象に研修やコンサルティングを行っています。

3つ目は，協働まちづくりのワークショップでのコーディネートやファシリテートです。社会を動かしていくには，個々の団体が活動するだけではなくて，セクターを越えて，協働することが求められます。そのお手伝いですね。

この3つの柱の1つ目の事業で主にボランティアは活動しています。高校生のサポーターとして，現場を共にしながら寄り添い，話を聴き，問いかけ，背中を押したり，手を引いたりしています。また，組織運営では，社会人ボランティアの方々に役員として関わってもらっています。

長沼：全員ボランティアですか？　スタッフの方は？

川中：有給職員が私を入れて2名おります。

長沼：残りの方がボランティアで関わっていらっしゃると？

川中：はい。

長沼：それ以外に先ほどおっしゃった高校生向けのボランティア学習プログラムではボランティアの方に来ていただくと。これはどういう方ですか？

川中：大学生や大学院生が中心ですね。

長沼：そういうボランティアの人たち，ボランティアスタッフの方々が活躍するために，どういう工夫をしているのか教えてください。

川中：1つ目は，小さな所帯ですから，一人ひとりの思いや力と大切に向き合うということです。どういうことに関心を持っており，なぜこの団体で活動し続けているのか。今どういう力があるのか。しっかり聴くようにしています。受入段階で個人面接をするだけではなく，活動の節目でも面談の機会も設け，個々の関心に活動内容がうまく合わせていきたいと考えています。もし彼ら／彼女らが，具体的に取り組みたい活動や獲得したい成長や学びを持っていれば，その期待に合いやすい役割を担ってもらえるようにしています。

長沼：その大学生とかのスタッフに来てもらう時に，募集はどのようにするのですか？

川中：現在活動しているメンバーのネットワークを辿っていくことになります。また，大学での担当講義はじめ募集チラシを各所で配りますが，十分な確保は難しく，毎年大変です（笑）。地道に会った人に声をかけ続けたり，ボランティア募集の合同説明会に出展したりして，ブースに来た人を口説くということで実際は確保しています。

長沼：応募してくれた人の関心や，どういうことを求めているのかをキャッ

チして，それを生かしていくということですね。

　川中：そうですね。当然どういう活動をするのかは具体的に示していますから，その内容と関心が大きく外れるということは珍しいです。しかし，繰り返しになりますが，それぞれがこの団体に関わろうと思った部分には，何かしらの期待があるわけですから，そこは丁寧に確かめたいですね。

　長沼：しっかり聞くということですね。もう一つは？

（2）組織の魅力を理解してもらう

　川中：もう一つは，いかにこの団体で頑張ろうと意欲を高めてもらえるのかということです。そのために，当然なことですが，私がなぜこの団体を設立し，何を目指して活動しているのか，その問題意識をきちんと伝えるようにしています。節目節目でも理念やビジョンを共有するように努めます。一度語ったらもう終わりではなく，何度も語るようにしています。

　次に，私たちの団体に関わって支えてくださっている大人の方々との出会いの場をつくることを心がけていますね。私もその醍醐味を味わっている一人ですが，みなさん「変わった人」でとても面白い方々です。この団体にいると，そういう「変わった人」と関われるという期待値が上がるように働きかけることは大切だと思っています。

　具体的には年に2回，夏と冬に運営委員会の拡大合宿をしていますが，そこへの参加を呼びかけています。役員には，忙しい中で時間をやりくりしてもらうことになりますが，団体として重視している場です。

　長沼：どういう内容の合宿ですか？

　川中：夏合宿では，わが団体に関連する社会動向を共有しながら，シティズンシップ教育を巡ってどういう取り組みが必要とされているのか，具体的にどういう活動をしていくべきなのか，進む方向性を議論します。冬合宿では，事業評価を踏まえて来年度の事業計画の骨子を立案します。毎年，この合宿に学生ボランティアが参加すると，この団体の面白さや価値に触れて，やる気が上がる傾向がありますね。

シチズンシップ共育企画運営委員会拡大合宿にて

長沼：合宿は何泊ですか？

川中：1泊2日です。そんなガチガチにやっているわけではありません。最初からお酒を飲みながらやることもあります（笑）。セミナー等でも終わった後の懇親会の方が議論が活発化することが多いですよね。

長沼：本音トークでね（笑）。

川中：であれば，最初からそれでいいのではないかと。もちろん，まとめ役がいなくならない程度に抑えつつです。それぐらい緩やかな場ですが，2日間基本的にはずっと議論していますね。

長沼：今後，この会がどうあるべきなのか，どういう風に社会に対して貢献していくべきなのかを各々が語って，最終的には何かまとめていくのですか？

川中：そうですね。役員には，教育分野やまちづくり分野のNPOスタッフや学校教職員，教育委員会の方など，様々な現場で仕事をされています。1日目は，それぞれがこの団体はもっとこういうことをすべきではないかという話をワーっと語っていくことになります。2日目は，1日目の意見を整理しながら論点を確認し，議論を進めていきます。その結果，既存事業の改善点や新規事業のアイデアが具体的に出てきますが，一定の目鼻がつけば，合宿としてのゴールは達成です。その後は，2カ月に1回行われる運営委員会で合宿の議論の落とし込みをチェックしていきます。

長沼：川中さんがファシリテーターをするのですか？

川中：いいえ，役員で持ち回ります。私ばかりがファシリテートしないように注意していますね。私が自分に都合よく議論を引っ張り過ぎないようにという配慮もありますし，また，若手のトレーニングの意味もあります。ファシリテーションの腕は場数を重ねることで磨かれるものですから，簡単な議題であれば若手が担当して，難しい議題はベテランが担当して，それぞれの練習機会としています。もっとも，今の運営委員会は特定のファシリテーターを置かな

くても会議が回り出していますが。会議はその参加者の多くがファシリテーションシップを持っていれば、自分の意見も言うだけではなく、お互いの意見も聴き合いますし、また、まとめが必要だと思うえば、その人が議論の整理を始めるようになります。特定のファシリテーターがいて、会議進行はその人にお任せする状態は目指すものではありません。それもあって、ファシリテーションの力を若手も磨いて欲しいと思っています。

長沼：まさに本書のコンセプトは、人が育っていきながらボランティア組織を面白く運営するというものです。若い人に任せることもするし、役割分担の中でベテランもやるというのを上手に川中さんがファシリテート、マネジメントしているのですね。

川中：この議題の進行は誰が適任かという見立てを行って、そのメンバーに振る役割は確かに担っていますね。団体にとって大切な場で自分が取りまとめをする体験は、団体に対するオーナーシップを高める可能性があり、より深いコミットメントを引き出す契機になるかなという気はしますね。

長沼：自分が所属して良かったなと思えるということですかね？

川中：自分が動かしていく中で、そう感じてもらえるといいですね。

（3）課題克服への道程

長沼：なるほど役員さんが伸び伸びと活躍しているのだなと思いました。では逆に、ここは課題だなとか、ここは悩んでいるという点はありますか？現在でも過去でも。

川中：みなさんお忙しいので、時間を十分に割いてもらう点に難しさがあります。役員も学生も共通して言えます。設立して10年経ったのですが、10年前には比較的時間に余裕のあった役員メンバーも、社会的な位置も高まり、仕事場で多くを求められてきています。その中で時間を割いていただくことの難しさを感じます。学生も幾つもの活動を掛け持ちするボランティアが増えており、その中でどう時間をこの団体に割いてもらうか、難しいところです。他には、意欲が低下してしまった人がいる場合にどう対応するかという課題もあります。

長沼：それをどんな工夫をして乗り越えていますか？

川中：時間は本当に難しいですね。時間の話は2つのポイントがあり，一つはできるだけ早目に年間のスケジュールを示して，かなり先まで見通しを持って関わってもらうということです。活動日を定例化することもその一環です。もう一つは，詰まるところ時間の問題は優先順位の問題ですから，どう優先順位を上げてもらうかということです（笑）。

長沼：そうですよね。複数の団体に関わっているから優先順位ですよね。

川中：優先順位を上げてもらうには，深く関わる意味を感じてもらわなければなりません。学生に関して言えば，この団体に関わることで社会に役に立つとか，プログラムに参加している高校生にとって意味があるということを伝えるだけでは不十分だと考えています。彼ら／彼女ら自身もまた，この活動の中で成長をしていく可能性が高いことにどう気づいてもらうかが重要です。

次に意欲低下については，その理由によると考えています。一番好ましくないのが，意欲が下がっているのにもかかわらず，ズルズルと継続していることです。周りのメンバーが必要以上にそのことに気遣ったり，他のメンバーも影響を受けてやる気が奪われたりすることが起こります。ですから，この団体の活動への関心が相当低下しているなと思われれば，当方から辞めることを提案することも少なくありません。彼ら／彼女らも何か新しいことに関心があるのであれば，そちらを思い切りやった方がいいでしょう。だから，またやりたくなったら戻ってきたらいいと一言添えて送り出します。

長沼：そうですか。お互いのために？

川中：学生も自分から辞めますとは言いにくいでしょう。そのまま放置して，メーリングリスト等で音信不通状態になってしまうと，こちらも来るのかどうか分からないのに，一応案内は出さないといけなくなりますね。そうすると，「案内が来るのに返信をしていない」気まずさも「案内を出しているのに返信がこない」気まずさも生じることとなり，双方に不幸です。それであれば，お別れするのも選択肢だよと示す方が良いでしょう。ボランティアには始める自由も辞める自由もあるわけですから。ただし，自分がやりますと言って引き受

けたことは責任持ってやりきってから辞めてねとは言うようにしています。

長沼：すごい参考になりましたね。そのボランティアに関わってくる大学生は何人ぐらいいるのですか？

川中：今は少ないですけれども，だいたい毎年7～8人で，多い時は15人程度です。

（4） 2つの成長を見守る

長沼：その学生ボランティアの成長というのも，しっかり考えて取り組んでいらっしゃるということなのですよね？

川中：そうですね。2つの成長を大切にしています。彼ら／彼女ら自身が成長していくこと自体が，関わる高校生にとっての大きなメッセージになるからです。大学生も成長していく姿に刺激を受けて，高校生も頑張ろうという，張り合う関係を目指したいのです。成長の仕方もお互い学び合うといいですね。また，学生にとってみれば，この団体に関わる価値が高まることにもなります。ですから，研修機会も色々と提供しています。

長沼：ボランティアに対して？　それは，どういうものですか？

川中：高校生の活動と学びを支援する役割ですから，高校生の今を捉え直すディスカッションを行ったり，対人援助の基礎となるコミュニケーション・トレーニングを行ったりしています。ユースACTプログラムは，高校生が用意された活動ではなく，自分たちで社会貢献活動を企画するため，企画立案を導くため，企画の作り方を次の研修で扱います。もっとも，研修だけでうまくできるようにはなりません。そこで，実際に高校生と共に活動した後に，必ず「振り返り」の機会を設けて，その日の関わりについて，うまくできたと思う点とそうではない点，どうしていいのかわからなかった点等を一人ひとりが述べて，お互いにアドバイスし合うピアラーニングの場を設けています。また数カ月に1回は，プロのユースワーカーの方もお招きして，ケースカンファレンスの機会も設けています。こうして，体験を通じた実践知を日常的に身に付けていくことを促しています。年度末には，振り返り研修を行い，それぞれがこ

ユースACTプログラムの活動風景

の活動を通じて得た気づきや学びを言語化して，共有する時間を設けています。

長沼：まさに大学生ボランティアの人たちのボランティア学習ですね。学びが広がってきて進んできていますね。高校生のボランティア学習の支援ですから二重にボランティア学習なのですね。これは，すごいなと思いましたね。もしかしたら三重かもしれないですよ，社会人スタッフがいたら。

川中：確かに社会人にとっても，そういう側面はありますね。

長沼：川中さんが代表としてうまくファシリテートして，役員の中でも学びが進むようになっていますね。

川中：私がファシリテートしているわけではなく，役員は自ら学びとっていっていますね。役員は学生との関わりを通じて新鮮な感性と情報に触れることで，気づきを得ており，それを楽しみにもしています。

長沼：手厚い研修ですよね。プログラムごととか年度末にやっていて。そういう機会が重要なのだということを意識的に？　成長することを自分たちでも自覚するということを，しっかり根づかせようということなのですかね？

川中：この点は非常に意識的に行っています。彼ら／彼女らが体験を通じて学ぶということ，そして，その過程における振り返りの価値について，身をもってわかっていなければ，高校生の学びをサポートできないでしょう。実際，高校生から振り返りについて「何でこういうことをしないといけないのか？」と疑問を投げかけられることもあり，学生ボランティアが実感をもって語ることが求められます。

長沼：それは大きいですね。ただなんとなく言えばいいのではないのだと。お互いに感想を言って，さらにシェアをすることによって，自分がやってきた社会貢献が意味あるものだったと自覚すること。それを大学生ボランティアが

知っていなければできないと。

川中：サポートする学生は，「共同学習者」（Co-learner）という存在と言うべきでしょう。

長沼：本書の副題に「双方向の学び」というのが入っているのですが，まさにお互いが学び合っていくのだと。年齢に関係なくですが。川中さんの組織でそういう人が育っていく，社会に貢献していく，相互に学び合うボランティア学習の二重性の学びを作っていくこと等を丹念にやられているのだと改めて思いました。

川中：いえいえ，まだまだ試行錯誤の最中です（笑）。

長沼：試行錯誤って重要ですよね。こういう取り組みというのは，やってみてわかる部分というのも大きいですからね。

（5）組織を立ち上げる

長沼：次に「日本シティズンシップ教育フォーラム」についてお伺いします。私も役員の一人なのですが，川中さんが中心人物の一人として設立した会だと私は思っています。まずは，どのような団体なのかということをお願いします。

川中：10年前から比べればシティズンシップ教育というキーワードを掲げている学校や社会教育施設，NPO等の取り組みも増え，また，関心を注いでいる研究者や行政職員，政治家も増えてきています。政策的な位置づけも高まってきていることもあり，こうした機運の中で，関係する人々が越境してつながっていく場を設けたいと考えて，設立を進めた団体です。経験交流を通じて切磋琢磨していくこともあるでしょうし，共通課題があればその解決の方向性を共に検討していくことも必要でしょう。

長沼：この団体を立ち上げるのは大変だったと思います。色々な方が名を連ねていて，全国的に活躍されている方もいらっしゃいますしね。設立のための発起人が39人，2013年3月に設立の会をしたということですよね。すごいご苦労があったのではないでしょうか？

川中：苦労というわけではありませんが，全国各地におられる設立発起人の

日本シティズンシップ教育フォーラム設立記念
シンポジウムにて

方々にできるだけお会いして，問題意識をお伺いし，活動のイメージを考えていった時期もあり，時間はかかりました。

長沼：全国的な組織が必要だという思いをもって作られたのですね。それに共感・共鳴をする人がいて，私もその一人ですけれど，一緒にやっていこうよという声があがったときは，どういう気持ちでしたか？

川中：それは嬉しいことですね。こうした場が本当に必要かどうかは仮説でしかありません。しかし，それに対して皆さんが「いいのではないか」「もっとこう考えては……」と，仮説を鍛えていただきました。まだ活動は緒についたばかりで，本当に必要なのかは証明されていませんが，心強くはなりますよね。

長沼：今後，この会が活動していくビジョンは，どういうものですか？

川中：会全体としてのビジョンは運営委員の皆さんと議論して創っていくものですから，個人的な考えですが，具体的な活動としてはネットワーク・ミーティングが柱になると考えています。年1回，全国から集って実践知を共有し，出会っていくことになりますが，問題意識でつながったメンバーによる協働プロジェクトが生み出していきたいと考えています。研究会や勉強会を重ねながら，具体的な成果物が公に出されていくものが5つか6つくらい出てくるようにしていければ面白いですね。研究者と実践者が一緒になって，特定の実践をバージョンアップしていくことも目指したいところです。実践者は実践者，研究者は研究者でそれぞれのネットワークがありますが，その垣根を越えて「混ぜこぜ」にすることが大事だと考えています。

長沼：意外とそういうのは無いですよね。混ぜこぜにするというのは重要ですね。そういう意図もあったのですね。その方が，より真実の追求ができると

いう？

　川中：その方が各々の持ち味がより一層磨かれると思っています。実践者は先端的研究を逐一追いかけられませんが，研究者との交わりで多くの示唆を得られることでしょう。また，研究者も実験的な実践の中から，新しい研究の方向性を探ることができ得るのではないでしょうか。日本でも掘り出されていないシティズンシップ教育の素晴らしい実践が色々な形で試されており，そうした既にあるものを明るみにし，光を当てていくことで，新しいステージが切り拓かれるのではないかと考えています。

　長沼：シティズンシップ教育とは言っていないけれども，やっている実践が日本にもあって，そこに光を当てたいということですね。同感です。そのためにはこのフォーラムのような組織があって，そこに実践者や研究者が集ってきているということが重要です。何かがきっかけになって，起爆剤になってというか，あるいは化学反応と言うか，新しい実践が生まれたり，今までの実践がうまく研究の網にかかって分析されたりするというのが重要ですね。

　川中：そうなるように頑張らないといけませんが，まだまだ「よちよち歩き」です。

　長沼：先ほどおっしゃったネットワーク・ミーティング以外に，ニュースレターやセミナーの実施等も活動概要には書かれていますが，何か仕掛けを考えていらっしゃるのですか？

　川中：風呂敷はいくらでも広げられますが，着実に形にしていくことが大事だと思っています。性急に事を運んで，皆がバーンアウトして終わると意味がないでしょう。もちろん，逆に余りにも歩みが遅すぎると，価値が見出されなくなるでしょうから，まずは当面の事業を軌道に乗せるよう努めます。そして，毎年1事業ずつ新たな取り組みにチャレンジしていくとすれば，2014年度には，シティズンシップ教育の人材を協働で養成していく「実習生制度」の検討を新たに提案することを考えています。全国の色々な教育現場で短期間の「弟子入り」をし，多くの「お師匠さん」から学ぶことができる仕組みです。せっかくの全国的なネットワークですから，例えば東京や大阪の学生・院生が，夏休み

期間を活用し，先進的な取組をしている地方の現場でスタッフとして動いてみるといったようなことを考えています。

長沼：大学生とか大学院生の話になりますか？

川中：そうですね。休学中の学生であれば，年間を通して，複数のNPOで受け入れることもあるでしょう。例えば春から夏は私の団体で，秋から冬は別の団体でと，一定期間を区切りながら巡回していく形です。個々の実習生の関心に沿う形でコーディネートする窓口の役割を担えるといいですね。また，学生に限らず，この人材育成のプラットホームを活用し，ボランティア活動参加を促進するNPOのメンバーが，政治参加促進のNPOで実習経験を積むことができれば，この分野の若手の思考やスキルにも厚みが出て，面白いのではないかと思っています。

長沼：そういうアイデアが浮かぶというのが，川中さんのすごい所ですね。どこで浮かぶのですか？

川中：完全にオリジナルというのは，ほぼありません。既にどこかで誰かがされていることを少しアレンジして発想しています。そのためにも，アンテナを張ることが大事ですね。ファシリテーターとして様々な分野の団体と接することができるのは，その意味でありがたいことです。子ども・教育系に留まらず，例えば産後鬱のお母さんたちのグループや重度心身障がい者施設の会議にもお伺いして，ファシリテートすることがあります。そこで色々なお話を聴かせていただけます。

長沼：各団体のやっている面白い工夫や事業内容や方法なんかをキャッチできるのですね。おいしいですね。

川中：おいしい仕事ですね。

長沼：ワークショップとかの講師依頼で全国どれくらい飛び回っていますか？　100カ所くらいですか？

川中：大学の講義を除いて，関西圏を中心に年間90本程度です。

長沼：なるほど。アンテナを張っていると，他の色々な団体のやっていることのエッセンスをキャッチするというのはありますよね。それを自分が今関

わっている組織に送り込んで,取り込んで,アレンジして,うまく合うようにしてやってみようかというような提案をして。面白いですね。きっと,そういう連鎖が起こっているのでしょうね。

川中:本当に他団体から学ぶことは多いです。

長沼:一つの団体が単独で何かやっているということは実際ないですものね。色々な団体があって,同じようなことをやっていたり,似たようなことをやっていたり,全く違うことをやっていたり,でも方法論はつながっていたりとか,ビジョンの部分は繋がっていたりしながら社会貢献しているということがあったりと。そういうアイデアは他の団体がやっていることをしっかり見るのが大事なのですね。そういう機会があれば良いですね。

川中:そうですね。セミナーの場でも,参加者同士が他団体のノウハウや考え方を見合う機会としたいなと考えて,ワークショップ・スタイルを取り入れています。お互いに教育し合う中で相互理解も深まります。

長沼:まさに「双方向の学び」ですね。私がお話を聞いていてふと疑問に思ったことがあるのですが,それは川中さんがなぜファシリテーション,ファシリテーターの分野に興味を持っていったのかという一番大元となる出来事が何なのかについてです。

(6) ファシリテーションの原点は教育への関心

川中:私はもともと学校教員志望でした。教員になろうと心に決められる方には,良い恩師に出会われて,その先生への憧れがベースにあることが多いですが,私は逆です。「日本のデューイ」とも言われた及川平治が方向づけられた国立の小学校で,非常に良質な生活中心の教育を受けたのですが,その後に進学した中学校での知識詰込型の教育に対して,違和感と危機感を抱いたことが教員を志すきっかけになりました。思い返せば,小学校の授業は,まさに双方向の学びが多く取り入れられていました。

長沼:どのような授業でした?

川中:どの科目でも先生からの問いかけがすごく多く,毎日のように振り返

りシートを書いていました。振り返りシートに対しても，興味深い内容を先生が切り抜き，コメントを付して，学級通信でフィードバックされることもありました。そういう教育の中では，学年を重ねることで「学ぶ楽しさ」や「分かる喜び」「探究する面白さ」が膨らんでいったのですが，中学校で私が体験したことは，逆に学ぶ楽しさ等を見失っていくという流れでした。そこから日本の教育について疑問を持ち始めたのです。

　私は社会科の教員免許を持っているのですが，多くの子どもから社会科は「暗記科目」と揶揄されて，最も学ぶ楽しさを見出されていない科目の一つになっています。しかし，つまらなくしているのは，内容そのものではなく教え方に起因しているのではないかと私は考えています。社会科教育は実生活との関係も高く，学ぶ意味も本来は明確に示せるものです。そうした価値がきちんと活かされた「新しい社会科」を考えたいと思っていたのです。

長沼：きっかけは，学校教育の一方通行型授業へのアンチテーゼだったのですね？

川中：そうです。大学に入って間もなく，ワークショップとの出会いがあり，そこで自分が小学校の時に体験していた学び方に通ずるものを感じ，ファシリテーションの力を付けていこうと探り始めました。しかし，ファシリテーションを学ぶにも当時はセミナーも本もほぼない時代でした。ですから，色々なワークショップに参加しながら，「この人！」と思ったファシリテーターの方がいれば，「記録係をさせて下さい」と頼んで，くっ付きながら観て学び，聞いて教えてもらうようなプロセスを経ることになりました。その過程で大きなエポックになったのは，ワークショップ・ミュー編著『「まなび」の時代へ』（小学館，1999年）という本に出会ったことです。日本を代表する30人の学びのファシリテーターが登場しているのですけれども，社会教育の世界に関心が開かれて，今に至っています。

長沼：なるほど，そういう道に。

川中：大学2年生の頃にはフリーのファシリテーターとして仕事を始めたのですが，院生の頃には迷いも出て，教員採用試験を幾つか受験しましたが，合

格することはなく，本当にどうしようかと思ったものです。しかし，若輩にも関わらず，社会教育の世界からはワークショップの依頼が増え続けており，必要とされているところで頑張ろうと覚悟を決めることになりました。社会教育は学習者が多様な上に主体的であることが多く，また時空間の制約も緩くてカリキュラムの自由度も高く，ワークショップに向いており，その魅力に惹かれたことも大きかったです。

　長沼：そこに原点があったのですね。紐解いていけば小学校の時に受けた授業がワークショップ型だったということで。実に興味深いですね。では最後に，これまでに言い足りなかったことをお願いします。

　川中：先ほどシチズンシップ共育企画の運営委員会拡大合宿の話をしたのですけれど，日本シティズンシップ教育フォーラムでの運営も含め，私は「プロセスへの参加」を大切にしてきていることを，今日の対話の中で再確認いたしました。何を決めるにしても，代表や事務局長が一人で原案を作って承認をとりつける方が簡単で，時間も短く済みます。しかし，原案を練る段階で，ああでもないこうでもないと時間をかけて議論し，そのプロセスで聴いた意見や示された反応を大切に扱うようにしています。

　長沼：プロセスに参加するということは，自分たちが主体的に参加していることになるということ，責任をもって関われるということですよね。若い人も含めて。そこを重視しているということですね。そうでないとやらされているとか，上の人からの指示待ちになってしまいます。活躍をする場を沢山作って，そこに若い人も含めて関わってもらうということでしょうか。そういう工夫の重要性を改めて感じました。

　川中さんとは随分前からの知り合いですが，お話を改めて伺ってみると新しい発見が沢山ありました。特にプログラムに参加してくる高校生の学びや成長と，それを支える大学生のボランティアスタッフの学び（成長）の双方をファシリテートしている点は興味深いお話でした。また，ボランティア組織に参画することのメリットを常に確認しながら進めること，複数のボランティア組織

「学びの場」としてのボランティア

に関わっている人に対しては優先順位を上げてもらうように工夫すること，意欲が低下したメンバーには無理に継続させないこと等は，大切な視点だと思いました。

　ボランティア組織では，自発的な活動であるがゆえに，そこに集う人々の満足度が重要な指針になりますが，川中さんは様々な手法を駆使してそれを高めていることがわかりました。合宿での協議も魅力的ですね。

第5章　仕掛け人の極意

　前章ではボランティア組織における魅力的なリーダーを3人紹介しました。今度は筆者自身の取り組みについて紹介することにします。

　私の取り組みの特徴は「仕掛け人」とでも呼ぶべきものです。それはどのようなものか，具体例を交えながらお話ししましょう。

1　仕掛け人とは何か

（1）仕掛け人の考え方とその理由

　これまで取り組んできたボランティア組織で，私はさまざまな役割を担いました。現在担っているものもあります。その中には「長」がつくもの，つまりリーダーとして組織全体を把握し運営する立場になったことも多いです。そうした立場になった時に常に心がけてきたのは，「自分はボランティア組織の仕掛け人だ」という意識をもつことです。それは端的に言えば「仕掛けて軌道に乗ったら去る」というポリシーです。「長」には組織の規定に則って任期が示されているものもありますから，その場合は去るのは当然なのですが，そうでない場合でもできるだけ短い時間で成果を挙げて去るということを心がけています。

1）仕掛け人でいたい理由

　その理由は4つあります。第1に，同じ人が長い期間リーダーを担うことの弊害を感じているからです。これは第3章の「4　次につながるバトンタッチ——持続可能な組織を創る」（108頁参照）でも述べています。ボランティア組織は，ある目的を共有して集まっている集団ですから，どうしても同じ考え方で運営がなされがちです。その方がよい場合もあります。しかし同じ人がずっ

と同じ役割をし続けるとマンネリ化は避けられず，硬直した組織になってしまう可能性があります。ですから他の人はともかく私の場合は，できるだけ早く結果を出して他の人に引き継ぐことを考えます。

　第2に，他の人が担ってくれるものは，自分ではなくその人が担った方がいいと思っているからです。その役割を担うことで高い給料が支払われるというのなら，ずっと居座り続けたいと思うのが人間ですが（政治家がそうでしょう〔笑〕），そうではないボランティア組織では，色々な人が役割を担って運営していく方が民主的と言えます。このことに関連して，あるボランティア組織で出会った仲間が面白いことを言っていました。国や自治体を動かす政治家は本来ボランティアであるべきで報酬をなくせばいい。そうすれば利権ではなく，本当に国のため自治体のため，市民のために働くというボランティア精神のある人がなって政治が良くなるのだと。実際，議員の報酬が日本と比べてはるかに少ない国があるよと教えてくれました。なるほど面白いことを言うなと思いました。

　第3に，私は新しい事をするのが好きなので，同じ役割を何年も担うと刺激が足りなくなり飽きてくるからです。生まれつきなのか，後天的な性質なのか，B型だからなのか理由はわかりませんが，私は新しい事をするのが好きです。無から有を生み出すこと，ある組織を活性化させるために新しい活動を始めること，既存の枠組みにとらわれずチャレンジすることが好きなのです。良く言えば好奇心旺盛，悪く言えば飽きっぽい性格ということでしょうか。ですからボランティア組織の長に限ったことではないのですが，常に新しいものを取り入れながら仕事をしたり生活したりしていくことが自分に合っていると思っています。本務の大学の授業でも，毎年同じということはありません。常に相手の学生の反応を見ながら，新しい要素を入れています。そのような性格からなのでしょうが，同じ役割を担うのは長くても3年が限界で4年以上は持ちません。ただし，誤解のないように申しておきますが，仕掛けて去るのは一定の成果が得られた後です。

　第4に，自分を最も必要としてくれる組織で活動したいと思っているからで

す。複数のボランティア組織に関与する身としては，その中で私が関与することで最もお役に立てるところで精一杯務めたいという気持ちが働きます。例えば3つの組織に関与していたとして，私のエネルギーやパワーを3分の1ずつに分散して使えばよいというふうにはなりません。不器用な性格なので，できるだけ集中的に使ってその組織に貢献したいという気持ちになります。ではどこの組織が一番それに見合っているかを見分ける指標は簡単で，WANT（自分がその組織でしたいこと），CAN（自分がその組織でできること），MUST（自分がその組織で求められていること）がどれだけ一致しているかということです。これができるだけ一致しているボランティア組織で活動してみたいと思いますし，逆に大きく3つがずれている組織には運営側でいるメリットがないと判断してしまいます。

2）仕掛け人としてのこれまで

この4つの理由で，私がボランティア組織の運営に関わる際，仕掛け人として「仕掛けて軌道に乗ったら去る」ということを続けてきました。ですから，同じ組織で長い期間役割を担うということを好みません。よく「連続〇年貢献したために表彰します」というものがありますが，私はどの組織でも当てはまらないでしょう。まるでジプシーのように，ボランティア組織の間を渡り歩いているのですが，その方が性に合っていると思っています。

かつて私は日本福祉教育・ボランティア学習学会の理事として中枢で運営に携わっていました。事務局の次長を仰せつかり，学会紀要の編集をはじめ細かいマネジメント（実務）を引き受けていました。次は事務局長をと期待されていたようですが，私は理事を継続せず，2期6年間一般会員としての道を歩みます。上の3つがずれていたからです。ずっと一緒に運営に携わってきた仲間（比較的年齢が近い人たち）にはわがままを通す形になり，随分迷惑をかけてしまいました。その間，そうした私の動きを批判せずに，逆に理解し見守ってくれたのが，同学会の中枢にいる理事の原田正樹さんでした。いずれは私が戻ってくると確信してくれていました。事実，2013年の秋，私は再び理事に復帰し，学会ニュース等の広報担当，大会開催のための下準備の担当，20周年大会の実

行委員等の実務を担っています。

　その空白の 6 年間で，私は何もしていなかったわけではありません。3 つのことを仕掛けて戻ってきました。一つは本務ですが，大学の中に新しく教育学科を立ち上げました。私が発案し，準備の実務もリードしたのですが，これには約 5 年かかりました。もう一つは，これから述べる JVCA 会員サービス委員会の初代委員長として，会員サービスの充実を図りました。これは 1 年間で次の人にバトンタッチしました。3 つ目は，これも後で述べますが，子どもが通う小学校の PTA 会長を 2 年間担いました。特に 2 年目は区の小学校 PTA 連絡協議会の役員も務めました。

　このような様々なボランティア組織での経験（成功も失敗もありました）は貴重でしたので，学会だけではなく，今後，私が関与するボランティア組織の運営にはおおいに役立てたいと思っています。

（2）仕掛け人のポリシー

　先ほどボランティア組織の仕掛け人のポリシーとは「仕掛けて軌道に乗ったら去る」だと言いましたが，より具体的には，どういうことなのでしょうか？ 6 つ述べます。

　1）　組織の課題を抽出して活性化の道筋を明らかにする

　仕掛けるという以上は現状維持を望むのではなく，何らかの活性化，発展を期して運営に携わるのですが，まずは課題の抽出から始めます。その際，集団として機能しているのか（組織の目的に即して現状は適切か）という視点と，構成員が満足しているかという視点の 2 つを中心に分析します。その上で，すぐにできること，少し時間をかけてできること，長い時間をかけて取り組むことの 3 つに分けて活性化の道筋を明確にします。当然，それらをスタッフで共有しながら進めます。

　2）　できるところからどんどん着手する

　できることは躊躇せずにどんどん実行していきます。与えられた時間は短いので，集中的に時間を割いてできるところから始めていきます。何らかのアク

ションを起こすと，反応してくれる人がいるので，その反応を見ながら微調整しつつ進んでいきます。ボランティア組織では，企業のように費用対効果を必要以上に気にすることはありませんので（ただし，いい加減でよいということではなく前年までの会計収支は熟知した上で），特に支出が増えるようなものを除いては早目に着手します。

　3）　理解を得ながら進める

　とはいえ民主的な合意形成は必須です。ワンマンで勝手に進めてよいということではありません。当該のボランティア組織の規定に則って運営していきます。新たな取り組みについては，理解と合意を得てから着手しなければなりませんので，協議・審議の場での理由説明，そのための書類作成を丁寧に行います。

　4）　楽しさを演出する

　少しずつ軌道に乗ってきたら，その成果を確認し合います。そのことによって構成員やスタッフの間に有用感や所属感が生まれるからです。その際，可能な限り楽しくできるような雰囲気を大切にして進めていきます。

　5）　達成感と連帯感を味わう

　活動や事業が一区切り付いたところで，達成感を味わうような仕掛けが必要です。イベントであれば打ち上げ，事業であれば成果の確認を大切にします。会員からのリアクションで，良好なものを紹介するのも良いでしょう。また，連帯感を味わえるような仕組みづくりにも目配りします。ボランティア組織では，他者との連携によってうまくいったという要素が重要だからです。

　6）　次の人にバトンタッチして去る

　うまくいっている時がバトンタッチする時であり，そのタイミングが重要です。いい状態で次の人にバトンを渡せるようにしたいものです。いったんバトンを渡したら去ります。そして，できるだけ関与しないようにします。なぜかと言うと，これまでの経験から前任者として関与すると，あれこれ言ってしまいたくなる（実際言ってしまう）のと，仮に言わない場合にはストレスが溜まるからです。そのような状況のマイナス面を，数々の失敗を通して嫌というほど

味わったからです。

このようなプロセスを踏んでいきます。

ボランティア組織に限らないことですが，リーダーにはさまざまな役割があるのではないかと思っています。立ち上げる（新しいことをする）のが得意な人，現状を維持し安定的な運営をするのが得意な人，組織を活性化させ発展させるのが得意な人……。私の場合は，得意かどうかはわかりませんが，安定よりも「変える」ことに重きを置いた取り組みが好きなように思います。

では次に，ボランティア組織の仕掛け人として取り組んだ事例を2つ紹介しましょう。NPOの会員サービス委員会と小学校のPTAです。

2　組織を活性化させる仕掛け人

（1）NPOの会員サービス委員会の委員長になる

これまでに何度か名前が登場した日本ボランティアコーディネーター協会（JVCA）で，2008年に新しく発足した会員サービス委員会の初代委員長（理事兼務）を任された時のお話です。会員サービス委員会は，文字どおり会員へのサービス向上を意図して，さまざまな事業を展開していくことがミッションでした。

JVCAはボランティアコーディネーターの専門性の社会的認知向上をミッションにして2001年に設立されたNPO法人です。会員には，ボランティアセンターなど中間支援組織のコーディネーターをはじめ，行政関係，学校関係，社会福祉関係，環境関係，病院，文化等の多様な分野のコーディネーターが会員になっています。2013年末現在の会員数は460名，理事は15名で任期は2年，重任は2期までとなっています。理事以外に運営委員が20～30名おり，1年任期で理事との兼務も可能，毎月1回の例会を開いて運営の実務を担っています。その運営委員は，委員会に所属して会務の運営に携わっています。委員会は会員サービス以外に，広報，研修開発，財政，（JVCC全国ボランティアコーディネーター研究集会）があります。事業としては年に一回のJVCC開催，講師派

遣，各種研修の実施，ボランティアコーディネーション力検定の実施などです。
　当初，会員サービス委員会を任された時のタスクは，会員向けに発行する情報誌「Co★Co★NET」の編集・発行（年に3回），会員が自主的に各地域で運営する小サークル的活動「ココサロン」の運営（および立ち上げ）支援，会員用メーリングリストの活性化などでした。

（2）組織を3分割して活躍の場を創る

　私は理事を兼務して運営委員になり，会員サービス委員会の委員長になりました。当時私を含め9名の委員が会員サービス委員会の所属でした。そこでまず私が着手したのは，委員会内の組織化です。9名でタスクが3つというのは好都合でした。全体ですべてやっていくという案もあったのですが，3人ずつ3つのチームに分け，各チームに責任者（チーフ）を置きました。ココネットチーム，ココサロンチーム，会員ニーズ把握＆新戦略チームの3つです。最後のチームはメーリングリストにとどまらず，全体を俯瞰しながら会員のニーズを把握し，必要な新しいサービスを考案したり，提案したりするチームとして位置づけ，私はこのチームに入りました。
　こうすることで，各チーフを中心に責任をもってタスクを遂行するような仕組みになりました。経験上3人というのは，やりやすい数字であると確信していました。
　さて，全国組織を担う委員会ですから居住地はバラバラで，東京，神奈川，栃木，愛知，京都，大阪，兵庫と散らばっていました。当然のことながらメールでのやりとりが欠かせません。チームごともそうですが，全体もそうです。連絡を取り合いながら実務を遂行していき，ミーティングは月に1回開催される運営委員会の前に開くことにしました。その方が効率的だからです。とはいえ皆さん各々仕事（本務）があって，それをこなした上での参加です。連絡が取りづらかったり，仕事が多忙で実務が遂行できなくなったりという状況があり，お互いにカバーし合いながら，やっていました。
　ミーティングでは全体で決めることの確認，その後に開催される運営委員会

3つのチームで進めていく

で報告・提案する事項，場合によっては審議してもらう事項などを丁寧に確認しました。私が心がけたことは，各々のタスクに向き合って努力している委員の人たちをねぎらうとともに，活躍の場として位置づけることでした。そこで運営委員会での報告も，委員長である私だけでなく，タスクごとにチーフから発言してもらうことで責任を明確にするとともに，やり甲斐を感じてもらえるように配慮しました。

(3) 会員ニーズ把握＆新戦略チームの展開

　私が所属した会員ニーズ把握＆新戦略チームは，他の2つのチームと異なり，新しいアイディアを出し合いながら，新規開拓していくようなタスクでしたので，自由度も高く面白いのですが，成果が見えにくくなる可能性もあるものでした。そこでまず着手したのが「会員のニーズを把握する」ことを目的としたアンケート調査の実施と分析を，このチームが引き受けることでした。会員がどのようなニーズを持っているのか，各事業に対してどれだけ満足しているのか等を丁寧に把握して，サービス向上を図ろうという趣旨です。その上で，そ

の結果をもとに会務の課題を整理したり新たな事業を提案したりしようという意図がありました。幸い，それよりも3年前に実施した会員アンケートがありましたので，それと同じ質問項目も設けつつ，会員の各事業に対する満足度を聞くような質問を新たに加えてみました。その設計と分析を一手に引き受けてくれたのが，後にJVCAの事務局スタッフとして活躍する足立陽子さんと，当時大阪ボランティア協会の若きエースだった白井恭子さん（現・立命館大学サービスラーニングセンター勤務）でした。何しろこのチームは，私が委員会全体を見なければいけないので，事実上2人だけです。忙しい中でも嫌な顔を見せずに，いつも明るい笑顔で対応してくれました。おかげで分析結果は，その後の会員サービス向上の戦略に生かしただけでなく，当時策定中だったJVCAの中・長期ビジョンにも反映させることができ，会員サービス委員会の会務全体への貢献は大きかったと思います。

さらに，これだけにとどまらず，いくつかのプロジェクトを遂行していきました。

JVCAは準会員制度というのがあって，1年目は安い会費で準会員としてお試し的に入会できるという制度です。当然1年後に正規の会員になってくれるのかということが課題になりますから，スムーズに移行してもらえるよう「準会員から会員への移行促進プロジェクト」というのを行いました。移行のお知らせといった事務的な文書を送るのではなく，代表理事の手書き（直筆）の文面とサインで送るというようにしました。これは当時代表理事だった妻鹿ふみ子さんが協力してくれて実現できました。

さらに，準会員向けサービスの提案，会員メーリングリストの発言内容の分析，退会者の分析，新規ミニ研修の提案など，この年に新たに取り組んだものは沢山ありました。

（4）会員メーリングリストの活性化

私が並行して取り組んだこととして，会員用メーリングリストの活性化がありました。JVCAでは会員であれば登録できるメーリングリストがあります。

ここにはコーディネーションに関わる悩み事が発信されたり，それに応える発信があったりします。またイベントの告知や前述したココサロン開催のお知らせ，事務局からのメルマガ発信等の多様な情報が飛び交っています。近年ではSNSに情報交換の中心が移ってしまった感がありますが，当時は多くの発信があって活発に意見交換や情報交換が行われており，ちなみに2008年1月1日から12月31日までの投稿数は366でした。1日平均1つ発信があったことになります。

　私は会員サービス委員長の立場で，いま委員会で協議している内容を発信するとともに，メーリングリスト上で議論されている内容についても積極的に発信するようにしました。そのことで会員が気軽に発信できるような雰囲気を作るように心がけました。また，投稿数が少なくなったと感じた時には意図的に発信するようにしました。そうすることで，会員用メーリングリストの価値が高まり，多くの人が利用できるようになるのではないか，さらには会員でいることのメリットを感じるのではないかと考えて実践していました。

（5）そして去る

　委員会を担って1年が経過して任期が終わる際，私は迷わず去ることを考えました。あくまでも仕掛け人としてのポリシーを貫くためでもありますが，次を担ってくれる人材に恵まれていたということも大きかったと思います。次の委員長は前述した白井さんが担ってくれました。

　それにしても一般の会員の気持ちを考えてみるという経験は，私にとって大きな財産になりました。運営側にいるだけでは決してわからない状況を理解し，声なき声にも耳を傾けるという地道な営みはボランティア組織の運営にとって重要なことであると気づかされました。そのような貴重な経験を経て担うことになったのが，次に述べる小学校のPTA会長でした。私はそれまでに培ってきたボランティア組織の運営のノウハウをすべてつぎ込んで臨むことにしました。

3 さまざまな人の思いを紡ぐ仕掛け人

(1) 小学校のPTA会長になる

2010年4月, 私は子どもが通う公立小学校のPTA会長になりました。3人の子どもたちがお世話になり, また私の母校でもあることから, いつか恩返しができればと思っていたのですが, このような形で実現できる機会をいただきました。大変光栄なことです。

PTAも営利目的の団体ではありませんのでボランティア組織ですから, これまで私が学んできたことを生かせるのではないかと思いました。ただしPTAは, ボランティア組織の中でも独特の運営が求められますし, 学校ごとにしきたりがあります。十分に現状を把握してから臨む必要があると思いました。幸いなことに私は学校の地域連絡協議会（地域の人々や保護者代表等が校長に学校運営についての助言をする機関）に学識経験者枠で参加していましたし, 子どもが3人目ということもあって既に9年間学校の様子を見てきていました。ですから初めてPTA活動の中枢に入ったとはいえ, 学校やPTAのことはある程度は理解していました。そこで, さっそく現状分析と活性化のためのプランを考えていきました。

何を仕掛けるかですが, できるところからドンドン着手するというポリシーにしたがって, ①わかりやすく親しみやすい組織にする, ②楽しさを共有して新たな仲間を巻き込む, ③事業をスリム化して負担を減らす, ④他校との連携を内務に生かしていく等を当面のタスクとして取り組んでいくことにしました。なお, 役員の任期は1年で重任は2期までとなっていましたが, 2年やるとは考えずに1年でできるところまでやろうという気持ちでスタートしました。

(2) わかりやすく親しみやすい組織にする

正直に言いますと一般会員の時に, PTAからのお知らせをもらってもほとんど見ませんでした。子ども向きのイベントの情報は見るのですが。PTAで

は毎月1回運営委員会が開かれていて，その協議結果がプリントで配付されます。そのプリントが事務的で見る気が起こらないような紙面だったのです。まずはここから着手しようと提案しました。このことに限らず，PTAの活動をわかりやすく一般会員に見せていくこと，そのことを通してなるべく多くの保護者が関わって盛り上げていっているという雰囲気に変えよう，親しみやすい組織にしていこうと考えました。

1) 情報伝達のわかりやすさ

役員の皆さんも忙しいので，効率的にタスクをこなしていくためには，どうしても「昨年と同じようにやる」となりがちです。実際そのような雰囲気が最初はありました。しかし私や副会長さんが意図を説明すると，柔軟に対応してくれ，一緒にチャレンジしてくれました。この点は凄いなと感じました。

運営委員会の協議結果を伝えるプリントの担当は役員会の書記でした。趣旨を説明して，最初の回は私が見本を作成しました。新聞記事風に仕立てて，より重要な決定やイベントの告知は目立つように記事を枠で囲みました。そして，

　　1．運営委員会の審議事項
　　　（1）……
　　　（2）……

という議事録風で事務的な文書が，

　　●給食試食会開かれる
　　さる○月○日，多目的室において……

というような新聞記事風の形式にリニューアルされました。一般会員から見てどう見えるかを常に意識して作っていきましょうと述べて理解してもらったのですが，これはJVCAの会員サービス委員会でやっていたノウハウでした。この時は，そういうことに慣れているお母さんが書記にいましたので，上手に作ってもらえました。さらに，そのお母さんから「これだけでは不十分だから，保護者が見るような工夫をしましょう」と提案してくれました。私は当初イラ

ストもこちらで描くことを想定していたのですが，子どもたちにイラストを募集して，応募があった作品を掲載しましょうと。「子どもの作品が載っていると保護者は見るのですよ」とのことでした。この企画は見事にあたり，後に実施したPTA会員へのアンケート調査でも「運営委員会だより」がわかりやすく

活躍するPTA役員

なったという声を多数いただきました。「子どもたちとともにあるPTA」「子どもたちがいるからPTAがある」というPTA活動の原点を教えてくれたお母さんのアイディアでした。

2）結果を見せる

この運営委員会だよりのリニューアルをきっかけに，他の委員会から出す文書もわかりやすく，親しみやすいものにしようという動きが広まりました。特に子ども向きのイベントの告知は，見やすくイラストも入れて楽しく見えるものにしようという工夫が随所で行われるようになりました。私がここで提案したのは，PTAが出すすべての文書に，PTAの年度スローガンを挿入していこうというものでした。このスローガンは毎年会長が掲げているのですが，最初のお知らせに載ったきりで，忘れられてしまいます。そこで，いつも意識して活動できるようにという意図で提案しました。その年のスローガンは平成22年ということで「22年ニコニコ笑顔のPTA」というものでしたので，これをすべての文書に入れていくことにしました。親しみやすい組織だという認識を広めることにも役だったと思います。この時もお母さんがニコニコ笑顔のロゴマークを作ってくれて，楽しさを強調してくれました。このように私の意図を理解し，受けとめ，実現してくれる，さらにより良いものも主体的に提案してくれるというスタッフに恵まれたことが，この年の成功に大きく寄与したと

思っています。

　次に手がけたのは，PTAの活動に子どもや保護者（＆先生）がどれだけ参加したのかを，すべての事業，すべてのイベントの参加者を集約して学期ごとに発表したことです。ちなみに人気のイベントは，最も大がかりな夏の「緑陰子ども会」で，これだけで一つの委員会を設けて準備，運営の仕切りを行います。毎年1,000人を超える親子が参加して盛況です。これ以外のイベントも含めて，各事業の結果をわかりやすく見せることで，PTA活動は一部の人がやっているのではなく，色々な人が参加して成り立っていることを理解してもらうことに主眼を置いてやっていました。

　運営委員会では，各委員会の委員長さんに向かって「文書やイベントは昨年と同じものでなくても結構です。工夫できることがあったら，どんどんやってください」と発言しました。というのも，どうしても1年任期で遂行して次の人にバトンタッチするというと「今までと同じように無難に」となりがちだからです。なるべく多くの人が参加・参画するという仕組みのため，そのようになっているのですが，この点はこの組織のデメリットであると感じていました。そこで「何かあったら私が責任をとりますので，どんどんアイディアを出して変えていってください」と述べて，安心して取り組んでもらえるように配慮しました。

3）　各委員の役割をわかりやすく伝える

　1学期，2学期と活動を展開してくると，すっかりわかりやすく親しみやすいPTA活動へのリニューアルが浸透しました。2学期後半から3学期の重要課題は次へのバトンタッチです。既に私のポリシーをしっかり理解してくれている副会長さんは，新1年生の保護者に配付する「PTA活動のガイドブック」をわかりやすくリニューアルして，参加しやすい組織に変えたいと提案してくれました。この時は嬉しかったです。ガイドブックは，役員会や各委員会の役割が書いてあるのですが，それまでの版はおそらく各委員長に原稿依頼して編集しただけでしたので，統一感がなく見にくい部分もありました。そこで全体の統一感を出すことはもちろんですが，土日中心の活動なのか平日中心な

第5章　仕掛け人の極意

のかなど保護者の生活パターンに合わせてどの委員会が参加しやすいかを表にしたり，運営委員への立候補や推薦はどのように行われるのか等をわかりやすく書き直したりしてくれました。

　ここで特筆しておきたいのは，私の最も頼れるスタッフだった女性副会長さんのことで，このガイドブックは2人による大事業でしたが，見事に成し遂げてくれました。このガイドブックに限らないのですが，この2人がいなかったら私の仕掛け人としてのポリシーをふまえたPTAの改革は為し得なかったと思っています。私はぽんぽんアイディアを出すだけなのですが，結局実行していくのは副会長さんや役員のお母さんたちでした。もちろん「それは無理」と厳しくダメ出しをもらった企画も沢山あります。そうやって遠慮せずに3人で言い合える関係性ができていたことも大きかったと思いますが，私から見ると2人の役割分担も絶妙であったと見ています。Aさんはリーダーシップ論（第3章第1節参照）でいうP機能，BさんはM機能をフルに発揮していて，さらに相互に補い合っていたと思っています。Aさんは実務をどんどん進めて実行してくれ，切れ味抜群の遂行力でした。Bさんは実務もこなしますが細やかな配慮で人間関係を見ていて，場が緊張しすぎた時はほぐしてくれるような役割を担っていました。2人で相談したのか自然にそうなったのかはわかりませんが，この2人に支えられてさまざまな改革が実行できたことは事実です。改めて感謝したいと思います。

（3）楽しさを共有して新たな仲間を巻き込む

　私がその次に着手したのが「おやじクラブ」の活性化です。最近では多くの学校で「おやじの会」があって様々な活動を実践しています。私が関わった小学校では「おやじクラブ」という名称で活動していました。しかし，やっているのは運動会等の力仕事のみでした。PTAあるいは学校の補助的な役割，それも力仕事だけでよいのだろうかという疑問が出発点でした。では力仕事が苦手なお父さんはどうなるのか？　もっと楽しい企画があれば色々な男性保護者が集ってくるのではないか？　と考えました。そこで当時おやじクラブの担当

おやじクラブのTシャツ

をしていた男性副会長に相談して、そのことを話したところ、やりましょうと言ってくれました。さっそく企画を練ったところ、子どもと楽しむイベントをやろうということになり、1学期に実施しました。たしか「おやじと遊ぼう」というような企画だったと思います。すると沢山の親子が参加してくれ、盛り上がりました。終了後の懇親会は当然飲み会になるのですが、今でも鮮明にその時の様子は覚えています。そこで子どもの話や学校の話、各々の連れ合い（？）の話等で盛り上がるのですが、おやじクラブの企画もどんどん出てきました。

　まずは私から会の名称を決めようという提案をしました。シンボリックなものを決めるというのは最も凝集性が高まるからです。色々出し合った結果SUNS（サンズ）という名称に決まりました（太陽、地元の地名、お父さんなどがその由来です）。すると、デザイン関係に詳しいお父さんがTシャツを作ってくれることになり、SUNSのロゴマークが入ったTシャツが完成します。もちろんそこに至る過程も重要で、ロゴマークを含め、いくつかあるデザインからみんなで決めました。運動会では、おそろいのTシャツを着てお手伝いをしましたが、嬉しかったのは若い先生方も買って着てくれたことです。

　さらに私は運動会の種目の中にサプライズ企画として、おやじたちの綱引きを入れさせて欲しいと校長先生にお願いし了承をもらいました。このことに限らずですが、校長先生はいつも私の改革を支持してくださり、様々な企画に対して許可をいただきました。校長先生が柔軟に考えてくださる方だからこそ、私のPTA改革はできたのだと改めて思います。サプライズの綱引きに子どもたちは大喜び。私はMCとして登場、おやじたちを盛り上げました。運動会での活躍は、おやじたちが単なる脇役ではなく、自分たちも保護者の一人として、PTA会員として主体的に学校や子どもたちのために貢献しているということ

第5章　仕掛け人の極意

を見せる効果を果たしてくれました。

　このような楽しい過程を経て，お父さん同士がつながることで，風通しがよくなっていることを感じました。2学期はバーベキュー大会，3学期は模造紙を10枚以上つなげた大きな紙にお絵描きと，楽しい親子企画が次々に繰り出されました。それまでは運動会で初めて顔を合わせ，打ち上げが終わると解散というだけの会が，いまや恒常的に集まり，次の企画を考えるという組織に生まれ変わりました。1年間引っ張ったあとは，仕掛け人の極意にしたがって私は身を引きます。

　子育てにおいて保護者同士の横の連携は極めて重要であると思っています。その意味でも，おやじクラブの活性化は意味あるものだったと改めて思います。

（4）事業をスリム化して負担を減らす

　PTAは任期が1年で役員が変わっていく組織ですから，どうしても「昨年と同じで」となりがちであることは既に述べました。私が引き受けた時に，各委員会のタスクは飽和状態で，フレキシブルに対応できない弱点を抱えていると分析しました。新しく面白い企画をしようと思ってもできないのです。もちろんスクラップ＆ビルドでやればできないことはないのですが，「決められたことをその通り」という風潮の中で改革をするのは大変なことでした。実は私が関わった小学校のPTAは会員が一人一役で貢献するという仕組みをとっているためなのですが，そこがメリットでもあり，上記のデメリットでもあるというところでした。

　そんな中でも何とか忙しい保護者の負担を減らすことはできないだろうかと考え，各タスクを改めて精査してみました。すると，校外関係のイベントで，町会から下請け的にやっているものがあることがわかりました。しかも正確には，主催団体から町会への参加者集めの依頼があって，それがさらに子ども向けのイベントということでPTAに孫請けされていることがわかりました。この孫請けをやめて参加する親子はPTAを通してではなく，自分たちで主催団体に申し込むようにできないかと考えました。そこで副会長と私で丁寧に町会

の担当の方にお話し，理解を求めたところ了承が得られました。その結果そのイベントのために校外関係の保護者を当日のお手伝いで10名ほど振り向けていたものをカットすることができ，余裕をもたせることができました。他にもいくつかの事業で仕分けを行ってスリム化を実現しました。

　この件からもわかるように，PTAは町会をはじめ地域のさまざまな方々にお世話になっており，理解をしてくださることは有り難いことです。私が在任中も，様々な事で協力をいただいたことを付記しておきます。

（5）他校との連携を内務に生かしていく

　会長の仕事は内務だけでなく渉外関係もあります。渉外の主なものは他校の会長さんたちとの連絡協議会への出席です。近隣5校で組織するブロック会議，区を3つに分けた地区連絡協議会（所属地区は20校で組織），区全体の連絡協議会（61校）の3種があります。ブロック会議は年5回，地区会議は月に1回あります。区の会議は役員になると月に1回あります。この回数は会議で，会議以外にPTAバレーボール大会や音楽系のイベントなどがあって，他校の方々と一緒になる機会は結構あります。

　こうした渉外活動は大変といえば大変ですが，私は楽しめるところは楽しみながら，できる範囲でやってみようと思い，積極的に関わるようにしました。その結果，良かった点としては他校の事例を聞いて参考にできたことがあります。中にはほぼそのまま真似てみて成功したものもありました。例えば，学校公開（保護者への授業公開日で，1日どの授業を参観してもよい）の際に，保護者が情報交換できる部屋を用意して交流するというものを設けて好評でしたが，これは元々他校で実践しているものでした。

　内務ではお母さんたちとの交流がメインですが，他校の会長さんとの交流はお父さんがメインです（女性会長さんもいましたが）。そうなると異業種交流会のような意味もあって，別の学びが得られることもあります。退任した今でも，当時の会長さんたちと「同窓会」を開いてお会いしています。学校は別ですが，同じ目的に向かって頑張っていたという連帯感が良かったのではないかと思い

ます。

　さて，1年間の任期を終えて，スタッフや先生方，地域の皆さんのお陰でさまざまな改革が進みました。1年任期ですから，仕掛け人としてはここで退任するのが良いと思っていましたが，あまりにも沢山の改革をしたために，それをしっかり根付かせることができていないものもありました。そのタイミングで次の方にバトンタッチすると，かなり迷惑をかけてしまうことが予想されました。そこで改革を根づかせるための仕上げの1年として2年目をお引き受けすることにしました。それから1年経って次の方にバトンタッチしたのですが，今となっては1年目にやめていれば良かったと思います。仕掛け人のポリシーを貫けば良かったのですが判断を誤りました。うまくいくことばかりではないのがボランティア組織の運営です。このような本を書いている筆者でも常にそう感じます。

　本章では仕掛けて去るという「仕掛け人」のポリシーを貫いている私の実践を紹介しました。私は今後も仕掛け人としてボランティア組織に関わり，双方向の学びを大切にしながら歩んでいこうと思っています。

第6章　リーダーのお悩み解決Q&A

本書の最後に，ボランティア組織のリーダーが心がけておいた方が良い点や留意すべき点について，よくある質問にお答えする形で述べることにします。

Q1：若い人が入ってこないのですが？

若い人が入ってこないのでお困りのようですね。なぜ困るのでしょうか？実はここに解決の糸口があるのです。考えられるものとしては，例えば，

- 組織の構成員が年々高齢化し，活動内容に変化がなく活性化しなくなっている
- 力仕事や少し手のかかることなど若いパワーが必要な時に困ってしまう
- 次を担う後継者がいなくなってしまう
- そのことで会の継続や発展が継続できなくなりそうである

というものでしょうか？　いずれもボランティア組織の運営にとって課題になります。若い人が入ってこない原因は，下記のようにいくつか考えられます。

① 若い人が入りにくい活動内容になっている

活動内容に変化がなく活性化しなくなっていること自体が，魅力的でない状態と言えます。若い人が入らないのも当然といえます。内容を工夫する必要があります。

② 若い人が入りにくいメンバー構成になっている

ボランティア組織では，活動内容もさることながら，そこに集っているのがどのような人々かというのも重要です。通常若い人が楽しく活動しているボラ

新しい人が入りにくい雰囲気が……

ンティア組織には，若い人は入りやすいものです。そうでない環境に一人で飛び込んでくる人はそうはいません。複数で入ってくるような仕掛けが必要です。

③　若い人が活躍する場が用意されていない

構成員同士の関係性や役割分担が年齢によるヒエラルキー（縦型，上下関係）のようなものになっていて，若い人が入っても活躍できるような活動，役割が用意されていない場合，そこは若い人の居場所になりません。何らかの配慮が求められます。そこで次のようなことを考えたらどうでしょうか？　あくまでも例です。

- 活動内容を常に見直し，新しい取り組みの実施も模索してみる
- 会員・非会員を問わず，若い人に率直に助言してもらうような場を設ける
- 世代交代できるような仕組みにしておく
- 役員の重任禁止規定を設け，同じ人がずっと同じ役割に就かないようにする
- 若い人を積極的に役員に登用し，活性化を図る

なお，いまどきの若い人は……と批判するのは禁物です。入ってこないのは若い人に問題があるかのように聞こえますが，それは違います。変わらなければいけないのは，あなたがたの方です。あなたが仕掛け人になって改革してみ

第6章 リーダーのお悩み解決Q＆A

たらいかがですか？（第3章第4節も参照してみてください。）

Q2：任せることに難しさを感じていますが？

　役割を任せることができなくて悩んでいる，困っているということですね。あるいは任せてはいるが色々な問題，課題があって難しいと感じているということですね。2つに分けて考えていきましょう。
　① 任せることが不安な場合
　なぜ不安に感じるのでしょうか？　考えられることとしては，例えば，

- きちんと役割を遂行してくれるかわからない（失敗するのではないか）
- 似たような状況で任せたら失敗した
- うまくいかなかった場合に責任をとるのは自分だ

ということでしょうか？
　では，あなたが最初に何かの役割を担った時はどうだったのでしょうか？同じように思っていたものの，誰かがあなたに任せてくれていたのではないでしょうか？　人間の営みは，どんなことでも初めて経験することを遂行し，次第に慣れていくということの連続ではないでしょうか？　そう考えると何かの第一歩は常に不安なものです。あなたの不安は実に正当なものです。しかし，それはあなたの気持ちの問題だと気づくはずです。
　不思議なもので，その不安な気持ちというのは必ず相手に伝わります。もう伝わっているかもしれませんよ。今からでも遅くはありません。見守っていきましょう。任せていきましょう。一歩を踏み出すことの不安を感じているのはあなたではなく，それ以上にその人本人ではないでしょうか。支えていきましょう。
　② 任せてはいるが課題がある場合
　誰かに任せているが，その人がうまくこなしてくれない等の課題があるのですね。悩ましいですね。しかし任せた以上，見守って改善を図るしかないです

ね。もちろん無理なら交代となりますが……。

　まず考えてみてほしいのは，あなたがその人に任せた内容は適切だったのでしょうか？　その内容が本人とミスマッチだったということはないでしょうか？　いきなりハードルの高いものを任せた場合には失敗する可能性は高まるのは自明です。そうだとすれば任せたあなたの責任です。ボランティア組織では仕事（労働）と違って業績評価が一義的になるということはありません。したがってその人の能力のせいにするのではなく，全体でカバーすることや，協力体制を整えること等を考慮しながら役割分担していく他はありません。できる範囲で最善の努力をするということ以外にボランティア組織の運営の王道はありません。くれぐれも排他的にならないように気をつけてください。

　どちらの場合にも，この本の伏線である「教育的視点」をもってボランティア組織の運営を考えること，双方向に学び合う集団として機能させることを考えていくことが大切です。実は人というのはそう簡単には変わりません。地道な取り組みが花開くというようなこともありますので，カリカリせずに一緒に育っていくという視点で見ていきましょう（第３章も参照してみてください）。

Ｑ３：意見が異なった時はどうしますか？

　ボランティア組織の協議の場，ミーティングなどで意見が異なってしまいお困りなのですね。これはボランティア組織に限らずですが，「長」と名の付く人は常にこのことに直面しますね。そう，そういうものなのです。

　まずは，意見が異なるのが当たり前だと思いましょう。それはなぜでしょうか？　民主主義社会では自由にものが言える社会です。ボランティア組織で民主的な運営がなされているのであれば，必然的に起こりうることなのです。得てして多いのは民主的な運営がなされていないで，意見対立がない場合です。ないというよりも，民主的ではない，つまり絶対王政のようになっていて，言いたいことが言えない，したがって対立が起きないという構図です。したがって，意見対立で困っているということは，民主的な運営が行われているという指標になります。さて，では，どうするか？　ですね。

最初に考えなければならないことは，そのボランティア組織の目的・目標（NPOで言うところのミッション）で，何のために自分たちは活動しているのかという視点です。この視点に照らして適切な意見かどうかについてまずは確認が必要です。この段階で，より適切な意見がどちらなのかが構成員の間で理解できることもあります。

　次に，目的は一致している場合には，そこに至る手法の違いということになりますから，そうなると最善の方法に正解はありません。ミーティングに参加した皆さんで合意形成を図っていくしかありません。民主的な合意形成の手法については，本書の第2章第2節も参照してみてください。繰り返しますが，意見の相違は重要です。その違いをどのように合意形成するか，その過程も重要になりますし，それは集団である以上当然のことです。その過程は時間がかかるかもしれませんが面倒がらずに実施してみましょう。

　また，意見対立が感情対立にならないような配慮は必要です。

　これは日本人の国民性もあるようですが，欧米的な徹底的な議論に慣れていない場合や，調和的な合意形成だけを重視してきている場合に，意見対立は感情的な対立になってしまいます。意見対立は，あくまでも意見の対立であって人間そのものの対立ではないのです。しかしどうも日本人は「あの人が理解してくれない」「何であのようなことを言うのか？」と内容ではなく相手（人）を責めてしまいがちです。「こと」ではなく「人」で違いを語ってしまいがちです。この点は注意が必要です。感情対立は，ボランティア組織の最も避けるべき状況と言えます。これまでにも述べてきましたが，ボランティア組織の存在意義（目的）は企業のような利益誘導ではなく，達成感や連帯感，貢献意識の醸成等，関わった人々の感情に訴える面が多いからです。この点は十分な留意が必要です。

　意見が異なった時は，チャンスと捉えましょう。なぜなら，その当事者の当該ボランティア組織に対する思いが，どういうものなのかが表出されている時だからです。対立することも厭わず意見表明してくれていることに敬意を表しつつ，当事者双方の思いや願い，こだわりをじっくり理解して，調整を図って

いきましょう。思いや願いがわかれば，どのように「双方向の学び」を作るのか，その方略を考えやすくなるからです。

Q4：次のリーダーの発掘の方法は？

バトンタッチすべき次のリーダーをどのように見出すのか，発掘するのかは，その後のボランティア組織の維持・発展にとって欠かせない重要なタスクです。現リーダーが悩むことも多いものです。

第3章第1節で述べましたが，リーダーシップには大きく分けて2つの機能があります。P機能とM機能です。以下は第3章からの抜粋です。

① P機能（Performance機能，課題達成機能，パパ機能）

集団が課題達成に向けた取り組みの際，達成する方向づけそのものを活性化させようとする機能が発揮されます。集団による「パフォーマンス」，つまり実績，業績，成果をあげることを促していく機能です。具体的には，役割分担をする，時間配分をする，話し合いの司会をする，決定したことを全員に効率よく伝える，話し合いの過程を板書する，目標達成への到達度を常に確認しておく，問題を分析し解決策を提示するなどです。

② M機能（Maintenance機能，集団維持機能，ママ機能）

集団が集団として維持されるよう働きかける機能です。車や機械を維持するためには定期的な「メンテナンス」が大切だと言われますが，それは諸状況をチェックして，個々の部品（集団の場合は人）が円滑に動くように配慮する作業です。具体的には，居心地がよい雰囲気をつくる，話し合いの場で発言していない人に発言を促す，発言し過ぎている人にストップをかける，重苦しい雰囲気になったときに冗談を言って場を和ませる，精神的に落ち込んでいる人に声をかける，悩みの相談に乗る，人間関係を調整するなどです。

この2つの機能は，優れたリーダーなら両方を使いこなせるでしょう。しかしそうとは限りません。どちらかが得意ということもありますね。その場合には別の機能を得意とするメンバーとペアで考えていくこともあってよいでしょう。

ボランティア組織では，集団としての連帯感やタスク完了による達成感等の集団の構成員の満足度は重要です。特に人間関係に係る部分や感情的な部分は満足度を大きく左右しますからどちらかというとM機能を発揮できるリーダーを見出すように配慮すると良いでしょう。

なお当該の人たちが次のリーダーとして任せられるかどうかの確認は，リーダー的な役割を担ってもらい，一緒に活動しながら任せてみて様子を見るというのも有益です。

また異世代交流という特質についても本書では触れましたが，リーダーシップと関係することとして，上の世代の人々とのコミュニケーションが得意な人と，下の世代の人々とのコミュニケーションが得意な人がいるように思います。前者は長男・長女，後者は次男・次女・三男・三女……のような兄弟姉妹関係であることが往々にしてあります。多様な世代が構成員になっていて，上下の世代の橋渡しをしながらリーダーシップを発揮する必要があるボランティア組織の場合には，このような得意・不得意の様態も加味しながら，次のリーダーを見いだしていくと良いでしょう。ちなみに筆者は長男で，前者のタイプだと自分では思います。

Q5：組織をやめたいという人が出た時は？

ボランティア組織をやめたいという人が出てきてしまったのですね。では，やめたいという場合に考えられる理由は何でしょうか？　例えば，

- ボランティア組織の活動自体に興味がなくなった
- ボランティア組織内の人間関係でトラブルがあった
- ボランティア組織の活動以外の，別の何かに関心が移った
- ボランティア組織の活動を続けたいが，何らかの事情（家庭の事情，身体の状況等）が許さない

等が考えられるでしょうか？　いずれにしても本人がやめたいと言ってきたわ

けですから，カウンセリングマインドで受けとめ，可能な限り事情や理由を聞いた上で対処することが求められます。

　基本的にはボランティア組織では入るのもやめるのも自由という特性がありますから，やめたいという人を無理に引き留めるということは通常ありません。第4章で取り上げた川中大輔さんのように，やめたいのではないかと思われる人に声をかけて，本人の意志を確認した上で選択肢の一つとしてやめることを提案するリーダーもいるほどです。自由意志で集うのがボランティア組織ですから，志向性を共にする人々で構成されているのが常です。何らかの理由で志向が異なる状況になった人を無理に慰留するという道理はありません。ただし，ここで留意したいことがいくつかあります。

　第1にやめたい原因が人間関係の場合には，後味が悪くなることがありますから要注意です。関係の当事者から話を聞いた方が良いかもしれません。ケースバイケースではありますが，当事者間の改善が進めば，やめる理由がなくなるという道もないわけではありません。

　第2に辞退者が続出する場合には，個人の問題ではなく組織内全体で何かが起こっている証拠かもしれませんので注意が必要です。例えば，その人だけでなく同じように感じている人が他にもいるのかもしれません。活動の充実感や達成感が低下していたり，魅力がなくなっていたりする可能性もあります。次のQ6のように活動がワンパターンに陥っているということも考えられます。リーダーであるあなたのやり方に対する不満があるのかもしれません。そのため，いま組織がどのような状況にあるのかを改めて検証し，改善が必要な事柄については積極的に改善を図っていくことも肝要です。例えばリーダーシップに関しては，達成感を味わうことが不足しているとすればP機能が低下している可能性がありますし，連帯感が欠如している場合にはM機能が低下しているかもしれないといった分析をしてみることです。

　第3に組織の活性化の契機と捉えて，次の活動展開を模索したらどうでしょうか？　理由はともあれ組織の構成員の誰かが去って行くというのはピンチとも言えます。しかし「ピンチの時はチャンス」という言葉がある通り，ピンチ

な状況の中に活性化の手がかりやヒントが潜んでいるものです。そのような手がかりを発見し，組織を発展させるチャンスに変えていくことができれば理想的です。

Q6：活動内容がワンパターンになっているのですが？

　ボランティア組織では活動内容がワンパターンになっているからといって，一概に悪いというわけではありません。安定的な活動を維持・継続している良好な状態とも言えるからです。一つの事にじっくり取り組んでいる方が社会的な貢献度が高いという組織もあります。また，そもそも一つの目的で集っている組織では，ワンパターンで当たり前という場合もあるでしょう。しかしリーダーの悩みとして「ワンパターンになっている」と言うということは，そうではない方が良いとあなたが考えているということですね。そのような組織であるという前提でお答えしていきましょう。まずは活動内容がワンパターンでない方が良いと考える理由を考えてみましょう。例えば次のようなことでしょうか？

- 活動がマンネリ化して，飽きてしまっている構成員がいる
- 他にも色々な可能性やチャンスがあるのに，もったいない
- 多様なニーズに応えるのもボランティア組織の役割ではないか
- 新しいことに意欲的に取り組むことによって組織が活性化するのではないか
- 前例踏襲でやればよいという雰囲気が組織内に生まれていて，前向きになっていない

　では，どのようにすればよいでしょうか？　まずは，現状分析をしっかりやってみてください。ワンパターンが悪いと思っているのはあなただけなのか，それとも組織の構成員も同じように思っているのかどうかです。前者だとすると，構成員との間で協議の場を設けることが必要になります。また，かつてはワンパターンではなかったのになってしまったとすれば，それはなぜなのか要

因を探ることも必要になります。その上で方向性を定めます。活動Aがワンパターンだとして，下記のように，いくつかの選択肢があります。

- 活動Aの内容はそのままで，方法，分担，頻度等を変えて取り組む
- 新しい内容の活動Bを始めて，活動AとBの両方に取り組む
- 新しい内容の活動Bを始めて，活動Aはやめてしまう
- 新しい内容Bの要素を取り入れて内容Aを変更し，新しい活動Cとして取り組む

1番目は小幅なリニューアル，2番目は新規開拓，3番目はスクラップ＆ビルド，4番目はリニューアルという表現になるでしょうか。企業では，どうすれば顧客に満足してもらえるかを考えて事業を拡大したり縮小したり，リニューアルしたりします。同じようにボランティア組織では社会的ニーズやそこに集う構成員の満足度を把握しながら，次の展開を考えていきます。第4章でインタビューした相川良子さんは，常に社会の風を読んで，アンテナを張って状況をキャッチし，新たな取り組みに着手していました。ボランティア組織のリーダーの方々の参考になると思います。

ワンパターンを避けて常に活動を見直し，新たなチャレンジをしていくこともボランティア組織のリーダーに求められる素養ではないかと思っています。もちろん第5章で述べた仕掛け人なら，なおさらです。仕掛けたら去るわけですから，その辞書にはワンパターンという文字はありません。

Q7：いつも同じ人しか参加しないのですが？

前問Q6の「活動内容のワンパターン」と似ている悩みで，今度は「人」ですね。こちらも，同じ人しか参加しないことは一概に悪いというわけではありません。ボランティア組織の規模や活動内容にもよりますし，活動が安定していて同じメンバーで維持している状態なのかもしれませんから。ですから，ここではあくまでもリーダーにとって，同じ人が参加しているのはマイナスの状

態だと考えているという場合の対処についてお答えしていきましょう。

　同じ人しか参加しないという悩み（状況）は正確には2種類あって，一つは例えば10人の会員がいるのに，いつも同じ7人しか参加せず，残りの3人はほとんど参加してこないという状態です。もう一つは10人の会員がほぼ全員参加しているが，新しい人が入ってこないという状態です。「同じ人」の意味が異なるわけです。あなたの組織はどちらの状況でしょうか？　両方ということも考えられますが……。前者の場合，その原因は「何らかの理由で3人にとって満足感や充実感がなくなっている」ということで，その理由として考えられるのは，

- 活動内容がマンネリ化している
- 組織内の人間関係がうまくいっていない

のどちらか，あるいは両方ということになるでしょう。活動内容の場合には前問Q6の答えを参照してください。組織内の人間関係の場合には第3章やQ5の答えを参考にしてください。またリーダーシップのM機能の低下も考えられますので，凝集性を高める工夫や3人へのケアなどリーダーとしてやるべきことは多いですね。後者の場合に考えられる原因は，

- 活動に面白みがなく，新しい人にとって魅力がない
- 構成員の関係が良好であるがゆえに排他的になっている可能性がある（新しい人を寄せ付けない雰囲気がある）

ということでしょうか。1番目の場合には第3章や，Q6，Q8の答えを参考にしてください。2番目の例として，よくボランティア組織や任意団体では構成員が同じTシャツやジャンパー等を着てイベントに参加したり，活動を実施したりするようなことがあります。集団で同じものを着るという行為は，スポーツのユニフォームがそうであるように，活動に参加した人々にとって，協力し合って事業を達成したという充実感や連帯感を得る手段として機能します。

仲間意識が向上する，つまり集団の凝集性が高まるわけです。しかし，一方でその凝集性が高まれば高まるほど，排他的になってしまうという二面性があります。この点には注意が必要ですが，現在の構成員で居心地が良い状態を維持しつつ，外からの新たな参加を常にオープンにしておくということの両立は難しいことかもしれません。ですが，リーダーは常に両面に目配りしながら，ボランティア組織の状態を把握しておくとよいでしょう。

　なお，Tシャツというのはあくまでも例であり比喩でもあります。例えば「同じ年代」というTシャツを着ている状態，つまり同じ年代の構成員で固まっている組織では，他の世代の人が入りにくいという要因になっていることもあります。様々な世代（異世代）が交流し合うことを意図しているボランティア組織であればマイナスです。この点については第3章第3節を参照してください。

Q8：新しい人を巻き込むには？

　新しい人の参加を促しボランティア組織を活性化していくことは重要です。では，新しい人が入ってくるというのは，どのような理由によるのでしょうか。

- 自分がやりたいと思っていることができそうだ
- 参加すると面白いかもしれない，楽しいことがあるかもしれない
- 既に参加している人が楽しそうにやっている
- 信頼できる友人・知人に誘われた

というような時に人は新たな組織に加入してみようと思うのではないでしょうか？　このような状態を，いかに生み出すかということがリーダーに求められます。

　1番目の状況は，活動内容をいかにPRするかということに尽きます。PRの具体的な方法を紹介するのは本書の目的ではありませんので省略しますが，ちらし，ポスター，WEBサイト，口コミ，SNSの利用など多様な方法があるでしょう。とりあえずお試しで1回参加してみるという誘い方もありますね。

2番目，3番目の状況も重要で，驚きや感動，ワクワクするような状況をいかにして生み出すかということになります。たびたび述べてきましたが，ボランティア組織への参加は任意ですし，勤務（労働）と違って対価がありませんので，見返りとして重要なのは精神的な満足になります。それを満たせるボランティア組織は魅力があるということになります。当然，感性に訴えるようなものというのは強いです。知的興奮を味わうようなものもそうです。人は理念的なもので態度変容を起こすのではなく，感性に響くようなもので参加してみよう，もっと続けてみようと思うものです。そのあたりのスパイスをボランティア組織の中でどう振りかけていくかがリーダーの腕の見せ所というわけです。ちなみに私が所属しているボランティア組織「かまくら会議」では，講座づくりをしているのですが，そのキーワードは「心ふるわせる」というものです。

ようこそ新メンバー

4番目の状況は，よくあるパターンです。ボランティア活動がさかんな米国でも，ボランティア活動への参加の最初のきっかけは？　という問いに対する最も多い答えは「知人・友人に誘われたから」というものだそうです。

4つに分けて述べましたが，要は活動自体でひきつける場合と人でひきつける場合とがあるということです。どちらも魅力的（感性に訴えるもの）でなければなりません。これらはリーダーシップのP機能，M機能にも対応しています。あなたの組織では，どのようなことができそうか，改めて検証し，スタッフで協議したらいかがでしょうか？

第4章でインタビューした赤澤清孝さんは，絶妙なひきつけで新たな人を巻き込み活動を展開して，多くの人材を輩出しています。その背景には，適確に相手のニーズを読み取り，寄り添い，一緒に考えていくというプロセスを重視するということがあります。第4章のインタビューを参考にして下さい。

あ と が き

　私は中学で13年，大学で15年，計28年教員をしてきました。大学の研究領域も教育ですから完全に教育畑の人間です。仕事以外の部分では沢山のボランティア組織に所属し，色々な経験をさせていただきました。

　不思議なもので，高校2年生の時に始めたボランティア活動が飯の種になっています。当時は思いもよらないことでした。人生は何が起こるかわからないと学生には語っています。様々な偶然が重なって，今の私がここにいるということです。その偶然を支配しているのが人間関係なのだと思っています。人に誘われて何かをする，するとそこで出会った別の誰かとの相互作用で何かが動き出す，そういうことの連続です。そう考えると偶然というのは偶然ではなくて，ある人とどこかの活動で出会うというのは必然的なものではないかと思うようになります。ボランティア組織の魅力というのは，次の必然が何なのか？　それがわかるというワクワク感なのかもしれないと思っています。

　私はよく，ボランティアに関する授業や研修のワークショップで「ボランティアを色に例えると？」というのを実施します。いつも最後に私の答えを発表しているのですが，それは「虹色」です。色々な色（様々な人，価値観，思いや願い）が混在しているのがボランティア組織の活動であり，そこで出会う多様な方々との架け橋をかけていく，それがボランティアなのだと。

　本書で話題にしてきた集団のあり方や人間関係，コミュニケーションやファシリテーション，ボランティアコーディネーションにずっと興味を持って，教育やボランティアのことを考察してきたのは，このような思いがベースにあったからだと最近思うようになりました。

　実は，私はコミュニケーションがとても苦手な人間です。小さい頃からずっとそうです。だからこそ，円滑にするにはどうしたらよいのだろう？　と常に考えて謙虚に学んできました。そして今でもその苦手意識はなくなっていません。相手を怒らせてしまったり，自分が憤ったり，仲間割れしてしまったり，

距離感を間違えたり，そんなことの連続でしたし，現在でもそうです。ですからコミュニケーションが上手な人を見ると羨ましく思います。仕事でもボランティア組織でも，どうすればよいのだろうといつも考えながら過ごしています。本書は，その意味では私のこれまでの数々の失敗をベースにして，今後同じ事が起こらないようにという自戒の念を込めて書いたエッセイとも言えます。読者の皆様には，その長いエッセイにお付き合いいただきましたこと，感謝申し上げます。私の乏しい知見が少しでもお役に立てれば本望です。

　本書を書くための知見を与えてくださったのは，私がこれまでに所属してきた様々なボランティア組織で33年間に出会ったすべての皆様のお陰です。感謝申し上げます。

　最後に，本書執筆の過程でお世話になった皆様に感謝します。

　まずはインタビューにご協力いただいた赤澤清孝さん，相川良子さん，川中大輔さんに感謝申し上げます。そのインタビューに助手として同席してくれた本学の5人の学生（田代直樹さん，千原麻美さん，小林優希さん，渡邊優佳さん，中井心子さん）にも感謝します。

　本書のために随所に素敵なイラストを描いてくださったのは，鎌倉に住むアーティスト・大石香織さんです。大石さんとは鎌倉のまちの活性化を考えるボランティア組織「かまくら会議」でお会いしました。改めてご縁に感謝申し上げます。このような出会いもボランティア組織の魅力の一つです。

　ミネルヴァ書房の音田潔さんには，前著『新しいボランティア学習の創造』(2008年) から引き続いてご担当いただきました。感謝申し上げます。本書の企画段階からいただいたご助言が，本書のスパイスとして効いていることを付言しておきたいと思います。

　長い執筆期間に迷惑をかけた妻の容子，弘子・徹・克の3人の子どもたちにも礼を言います。

2014年1月9日

長女の誕生日に著者記す

索　引

あ　行

アンテナ　151
アンドラゴジー（andragogy）　73
生き方　43
意見調整　63
異世代交流　77, 98
居場所　141
意味あるつながり　67
インターンシップ　126
打ち上げ　95
教えることは学ぶこと　66
お互いさま　23
思いや願いやこだわり　89, 108
おやじクラブ　55

か　行

開発性　16
外発的動機づけ　82
カウンセリング理論　86
学習指導要領　69
学生ボランティア　167
かけがえのない価値　22
可視化　62
家族集団　27
課題の抽出　180
学会　16
活性化　180
活動資金　147
家庭教育　155
感情的な対立　90
機動性　97
教育的機能　6

教育的視点　6, 200
共感　86
凝集性　192
共同学習者（Co-learner）　169
協働する　161
距離感　117
ケースカンファレンス　167
公益性　12
コーディネーション　71
コーディネーター　72
コーディネート　72
個人的な感想　93
コミュニティー　143

さ　行

サービスラーニング　123
サブリーダー　81
参加動機　5
シール投票　122
仕掛け人　177
重任禁止規定　109
試行錯誤　97
自己検証　75
自己肯定感　29, 45
自己責任　30
自己理解　45
次世代育成　134
事前学習　50
持続可能な組織　115
自尊感情　29
親しみやすい組織　189
自治会　16
叱咤激励　117

シティズンシップ教育　161
自発性　12
　　――のジレンマ　82
　　――パラドックス　31
自分探し　44
自分を知る　21
社会教育　142
　　――団体　18
社会的課題　48
社会的事象　33
社会的評価　96
社会的有用感　44
社会と自分を結ぶ　48
自由意志　10
充実感　84
集団と個の関係　68
柔軟性　97
主体的　21
受容　86
準備学習　51
生涯学習審議会答申　53
渉外関係　194
情報伝達　188
助成金　147
所属感　39
新規事業　164
人材育成　139
秦の始皇帝　112
スポーツ団体　16
脆弱な結びつき　75
世代間の架け橋　103
切磋琢磨　107
先駆性　12
前提条件　59
相互理解　101
創始者　108
双方向の感謝　94
双方向の支援　15

双方向の学び　7, 66
ソーシャルビジネス　128

　　　　　　　　た　行

第1セクター　25
第2セクター　25
第3セクター　25
大学生協　120
大学ボランティアセンター　129
他者との関係性　46
達成感　28
多様な他者　47
地域サロン　158
地域連絡協議会　187
町内会　16
特別活動　56
共に生きる　46
トレーニング　135

　　　　　　　　な　行

内発的動機づけ　83
情けは人のためならず　15
ニーズ　90
日本ボランティアコーディネーター協会会員
　　サービス委員会　182
人間関係　4, 37
ネットワーク　157
　　――づくり　128
望ましい集団　69

　　　　　　　　は　行

バトンタッチ　108
話し合い　56
阪神・淡路大震災　120
ピアラーニング　167
ピアサポーター　149
非営利性　13
ヒエラルキー　198

索引

ファシリテーション　63
ファシリテーター　64
フォーマルなネットワーク　152
不公平なサービス　26
振り返り　167
プロセスへの参加　175
ペダゴジー（pedagogy）　73
奉仕　24
発起人　70
ボランティア　9
ボランティア学習　7, 49
　　——のPARCDサイクル　53
ボランティア活動についての学び　51
ボランティア活動による学び　51
ボランティア活動のための学び　50
ボランティアセンター　115
ボランティア組織　2
ボランティア保険　34

ま　行

混ぜこぜ　170
まちの達人　140
学び　41, 43
　　——の2つのベクトル　52
　　——の拠点　144
　　——の装置　67
マネジメント　161
満足度　3
ミッション　47
3つの同時　85
民主主義　58
　　——社会　57
民主的な合意形成　35, 57
民生委員　20
無償性　12

メーリングリスト　185
燃え尽き症候群　31
モチベーション　33
モデル化　146

や　行

役割分担　165
山本五十六　118
ユースパートナー　150
ゆるやかなネットワーク　138
ゆるやかな結びつき　55
横並び（フラット）　23

ら・わ行

ラポール　87
リーダー　77, 81
　　——シップ　6
レクリエーション理論　84
連帯感　3, 28
労働（勤務）　27
ワークショップ　64

欧　文

CAN（自分がその組織でできること）　179
MUST（自分がその組織で求められていること）
　　179
M機能　78
NPO　6, 16
PM理論　78
PTA　16
　　——会長　180
P機能　78
WANT（自分がその組織でしたいこと）
　　179

著者紹介

長沼　豊（ながぬま　ゆたか）

高校・大学時代からボランティア活動にかかわり，学習院中等科教諭を経て1999年から学習院大学教職課程助教授。その後，准教授・教授を経て2013年から文学部教育学科教授。大阪大学大学院人間科学研究科博士後期課程修了，博士（人間科学）。ボランティア学習，福祉教育，市民教育，特別活動を中心に研究を進める。
日本ボランティア学習協会常任理事，日本福祉教育・ボランティア学習学会理事，日本ボランティアコーディネーター協会理事，日本特別活動学会副会長などを務める。
著書は『実践に役立つボランティア学習の基礎理論』（大学図書出版），『新しいボランティア学習の創造』（ミネルヴァ書房），『親子ではじめるボランティア』（金子書房，編著），『学校ボランティアコーディネーション』（筒井書房，編著）など多数。
全国各地でボランティア学習についての講演やワークショップを行う。自称「ボランティア学習仕掛人」。趣味は水泳，鎌倉歩き，特撮ヒーロー。特技は姓名占い。

サイト：http://naganuma55.jimdo.com/
Twitter：http://twitter.com/naganuma55
Facebook：http://www.facebook.com/naganuma55

■イラスト
　　大石香織

人が集まるボランティア組織をどうつくるのか
──「双方向の学び」を活かしたマネジメント──

2014年9月30日　初版第1刷発行　　〈検印省略〉
2015年3月30日　初版第2刷発行

定価はカバーに表示しています

著　者	長　沼　　　豊
発行者	杉　田　啓　三
印刷者	坂　本　喜　杏

発行所　株式会社　ミネルヴァ書房
607-8494 京都市山科区日ノ岡堤谷町1
電話代表　（075）-581-5191
振替口座　01020-0-8076

© 長沼　豊, 2014　　冨山房インターナショナル・藤沢製本

ISBN 978-4-623-07129-6
Printed in Japan

ボランティアの今を考える
守本友美・吉田忠彦 編著
A5判／196頁／本体2500円

東日本大震災とNPO・ボランティア
桜井政成 編著
A5判／232頁／本体2800円

よくわかるNPO・ボランティア
川口清史・田尾雅夫・新川達郎 編
B5判／224頁／本体2500円

新しいボランティア学習の創造
長沼 豊 著
A5判／432頁／本体6500円

新しい生涯学習概論
赤尾勝己 著
A5判／288頁／本体2800円

―――― ミネルヴァ書房 ――――
http://www.minervashobo.co.jp/